Geschichte
Sachsen-Anhalts
II

D1731111

Herausgegeben vom
Landesheimatbund Sachsen-Anhalt e. V.
Mit freundlicher Unterstützung der Lotto-Toto GmbH Sachsen-Anhalt

Geschichte Sachsen-Anhalts

II
Reformation bis Reichsgründung 1871

Mit Beiträgen von
Heinz Kathe, Lutz Miehe, Helmut Asmus

Koehler & Amelang

Redaktion:
Dr. habil. Gerlinde Schlenker, Vorsitzende
Dr. Roswitha Mende
Dr. Gerd Lehmann
Dipl.-Lehrer Joachim Schymalla

Titel:
Martin Luther, Holzschnitt von L. Cranach d. Ä.,
1546, koloriert

Die Deutsche Bibliothek – CIP-Einheitsaufnahme
Geschichte Sachsen-Anhalts (hrsg. vom Landesheimatbund
Sachsen-Anhalt e. V. Red. Gerlinde Schlenker...) – München;
Berlin: Koehler & Amelang. II. Reformation bis
Reichsgründung 1871 / mit Beitr. von Heinz Kathe... –
NE: Schlenker, Gerlinde (Red.); Landesheimatbund
Sachsen-Anhalt II.
NE: Kathe, Heinz
1. Aufl. – 1993

ISBN 3-7338-0172-5

1. Auflage
© 1993 by Koehler & Amelang
Verlagsgesellschaft mbH München/Berlin
Printed in Germany
Druck und buchbinderische Verarbeitung: Ebner Ulm
Einbandgestaltung: Peter Fischer Sternaux

Inhalt

Geleitwort

Band II der Geschichte Sachsen-Anhalts gehört zu einer vom Landesheimatbund Sachsen-Anhalt geförderten dreibändigen Edition, die die Geschichte dieses Raumes von den Anfängen bis zum Jahre 1952 darstellt.

Der vorliegende Band beginnt mit den Ursprüngen der Reformation im mitteldeutschen Raum und stellt die Phasen religiöser Erneuerung in den einzelnen Territorien dar. Kirchliche und künstlerische Bewegungen, Handel und Verkehr verbanden den vielstaatlich organisierten Raum an Harz, Elbe und Saale, Thüringer Wald und Erzgebirge miteinander. Beeindruckend ist innerhalb dieses großen Rahmens der Beitrag des historischen Raumes an der mittleren Elbe und unteren Saale zur Residenzkultur und Musik im Zeitalter des Barock, zur Aufklärung und zum Pietismus. Hier vollzog sich der Aufstieg Brandenburg-Preußens zur europäischen Großmacht 1648-1740/63 in dem Ringen zwischen Hohenzollern und Wettinern. In diesem Zeitraum standen Brandenburg und Anhalt in überaus enger dynastischer Verbindung.

Im 19. Jahrhundert konnte dann das Fundament der späteren Einheit durch die Gründung der preußischen Provinz Sachsen (1815/16) und die Wiedervereinigung Anhalts (1863) gelegt werden. Mit der Gründung des deutschen Zollvereins 1834 und der Reichseinigung 1871 begann ein bemerkenswerter Aufstieg der Region. Um die Mitte des 19. Jahrhunderts setzte die Industrialisierung ein. Besonderes Gewicht erlangten die Nutzung der Bodenschätze (Braunkohle, Kali), die für die damaligen Verhältnisse moderne Landwirtschaft (Zuckerrübenanbau, Pflanzenzüchtung) und der für die industriell-agrarischen Bedürfnisse produzierende Maschinenbau. Parallel nahm die Verstädterung im Süden zu. In erster Linie dokumentiert das seit 1850 entstehende industrielle Ballungsgebiet im Raum Halle-Leipzig grenzüberschreitende Zusammenhänge unter modernen technologischen Verhältnissen.

Im geistigen Leben zeigte sich ein wachsendes Zusammengehörigkeitsgefühl in der verstärkten landesgeschichtlichen Forschung. Von Halle, Sitz der Landesuniversität, sind hierbei verhältnismäßig früh erste Impulse mit der Gründung des Thüringisch-Sächsischen Geschichtsvereins 1819 ausgegangen. Die Aktivitäten dieser regional orientierten Geschichtsvereine in der Provinz Sachsen und in Anhalt ließen im Rückblick unter der geradezu atomisierenden Vielzahl von Herrschaften und Territorien auch bedeutende geistliche und weltliche Fürstentümer und historische Landschaften hervortreten: das Erzstift/Herzogtum Magdeburg, das Hochstift/Fürstentum Halberstadt, die Altmark sowie Anhalt.

Interessant dürfte diese Geschichte Sachsen-Anhalts nicht nur für Fachhistoriker, sondern für alle historisch interessierten Leser sein.

Halle, im September 1993

HEINZ KATHE

HEINZ KATHE/LUTZ MIEHE
Von der Leipziger Teilung bis zum
Zusammenbruch der altpreußischen
Monarchie 1485 - 1806

Ursprungsland der Reformation

Das Haus Wettin wurde im Spätmittelalter zur beherrschen-
den Territorialgewalt in Thüringen und in der Mark Meißen.
Zahlreiche Landesteilungen bis weit in die Neuzeit hinein
schwächten jedoch seine Macht. Der gesamte wettinische Besitz war letztmalig von 1482 bis 1485 unter den Brüdern Kurfürst Ernst (1464 - 1486) und Herzog Albrecht (1464 - 1500)
in einem weitgehend geschlossenen Flächenstaat vereinigt. Er
reichte von der Werra bis an die Pulsnitz, die alte Grenze zwischen der Mark Meißen und der Oberlausitz, und von Coburg
bis in die Potsdamer Gegend. Die wettinische Einflußsphäre
weitete sich in nordwestlicher Richtung aus, als der gleich-
namige Sohn des Kurfürsten Ernst 1476 Erzbischof von Magdeburg und 1479 Bischof von Halberstadt wurde. So kamen
die Wettiner ihrem brandenburgischen Rivalen zuvor, der in
der mittelelbischen Handelsmetropole Magdeburg einen er-
strebenswerten Besitz als Brücke in das mittlere und westliche
Deutschland sah.

Die brandenburgische Expansion in den mitteldeutschen
Raum ist aber bald darauf durch die sich als endgültig erwei-
sende Leipziger Teilung der wettinischen Länder von 1485[1]
wesentlich erleichtert wurden. Die Teilung hatte auf längere
Sicht weitreichende Auswirkungen auf die Machtverteilung im
Osten des Deutschen Reiches. Kurfürst Ernst erhielt den Kurkreis Wittenberg und das südliche Thüringen, Herzog Albrecht wählte den Teil, der in der Hauptsache die Markgrafschaft Meißen, Leipzig und das nördliche Thüringen sowie
die Vogtei über Quedlinburg umfaßte. Die Leipziger Teilung
begründete in gewollter territorialer Verzahnung die Spaltung
des Hauses Wettin in die Ernestinische und in die Albertinische Linie.

Zentrum des ernestinischen Sachsens wurde Wittenberg, die Hauptstadt des Kurkreises. Der Begründer der Ernestinischen Linie starb schon im Jahre 1486. Der Ausbau Wittenbergs erfolgte unter seinem Sohn und Nachfolger Friedrich III. (1486 - 1525) mit dem Beinamen »der Weise«.[2] Das von 1489 bis 1507 erbaute Wittenberger Residenzschloß, die architektonische Verkörperung der ernestinischen Kurwürde, gehört zu den ersten und besten Leistungen der mitteldeutschen Frührenaissance. Als Nordflügel des Schlosses wurde die Schloßkirche errichtet. Sie nahm einen größeren Raum ein, als sonst bei Schloßkirchen üblich, war sie doch vom kurfürstlichen Bauherrn zugleich als Stiftskirche und als Stätte der Aufbewahrung und Schaustellung des Wittenberger Heiltums, einer der größten Reliquiensammlungen der damaligen Zeit, gedacht. Die durch ihre Einkünfte aus dem erzgebirgischen Bergbau finanzkräftigen Wettiner haben große Summen für ihre Neu- und Umbauten, so auch für die Errichtung der Albrechtsburg in Meißen (1471 - 1521), ausgegeben. Auch dieser prächtige Bau steht kunstgeschichtlich an der Nahtstelle von mittelalterlicher Burg und neuzeitlichem Schloß.

Friedrich der Weise wählte Wittenberg als Standort für die neue Landesuniversität des ernestinischen Sachsens (1502). Ihre geistige Basis war der Humanismus. Administrativ und politisch war sie bereits weitgehend in das territorialstaatliche Gefüge integriert. Zur finanziellen und personellen Ausstattung der Hochschule zog Friedrich insbesondere den Orden der Augustiner-Eremiten heran. In diesem Zusammenhang kam es zur Gründung eines Augustinerklosters in Wittenberg. Der Augustinereremit Martin Luther übernahm 1512 als Nachfolger des Generalvikars Johann von Staupitz die Bibelprofessur an der Leucorea – so lautet der gräzisierte Name der Wittenberger Universität.

Friedrich der Weise baute Wittenberg zu einem Zentrum für die Kunst aus. 1504 berief er Lucas Cranach d. Ä. als Hofmaler. Die große Cranachsche Malerwerkstatt arbeitete vor allem für Auftraggeber in Mittel- und Norddeutschland, aber auch für romtreue Kirchenfürsten. Der Künstler wurde von Kaiser Karl V., Herzog Georg von Sachsen, Kardinal Albrecht und anderen katholischen Fürsten geschätzt. Insofern ist er nicht schlechthin der Maler der Reformation, obwohl er sie mit seinen religiösen Bildern nachhaltig gefördert hat.

Kardinal Albrecht, der jüngere Bruder des brandenburgischen Kurfürsten Joachim I. (1499 - 1535), wurde nach dem Ableben des Wettiners Ernst 1513 zum Erzbischof von Magdeburg und Bischof von Halberstadt gewählt. Damit setzten sich die Hohenzollern erstmals in Magdeburg fest. Im folgenden Jahr erhob das Mainzer Domkapitel Albrecht zum Erzbischof, damit dieser mächtige Kirchenfürst das durch Kursachsen bedrohte Mainzer Gebiet um Erfurt wirkungsvoll schütze. Auf diese Weise gewann das Haus Brandenburg das größte Erzbistum der damaligen Christenheit mit dessen Kurstimme. Die kirchenrechtlich verbotene Kumulation von Ämtern stürzte den für die Übernahme der Bischofswürde eigentlich noch zu jungen Albrecht in hohe Schulden, zumal er gemäß seiner Stellung als zweithöchster Fürst im Reich seine Residenzstadt Halle durch kostspielige prachtvolle Hofhaltung und aufwendige Pflege der Kunst der Frührenaissance zur Metropole des mittleren und nördlichen Deutschlands erhob. So kam es zu einem Finanzgeschäft mit Rom und dem bedeutenden Augsburger Bank- und Handelshaus der Fugger. Albrecht durfte mit päpstlicher Genehmigung den Petersablaß in seinen Kirchenprovinzen Mainz und Magdeburg eintreiben lassen.
Martin Luther nahm dazu in akademischer Form kritisch Stellung. Seine 95 Thesen über den Ablaß sandte er am 31. Oktober 1517 an Erzbischof Albrecht und andere Bischöfe. In Wittenberg hatten die Thesen wenig Wirkung, und die an die kirchlichen Oberen gesandten Briefe blieben ohne wesentliches Echo. Aber die Thesen verbreiteten sich rasch in immer neuen Auflagen in Deutschland und darüber hinaus, sie wurden zum Auslöser der Reformation.

Die Reformation, eine religiöse Umgestaltung, führte zur Bildung des protestantischen Christentums und zur Auflösung der kirchlichen Einheit des Abendlandes. Die protestantische Kirche ist institutionell dadurch gekennzeichnet, daß ihre äußeren Grenzen jeweils mit einem staatlichen Hoheitsgebiet zusammenfielen; die alten Bistumseinteilungen wurden auf-

13

gehoben. Die Rechtsgrundlage für die Errichtung von Landeskirchen schuf der erste Speyerer Reichstag von 1526 mit der Erklärung, daß jeder Reichsstand bis zum Zusammentreten eines Nationalkonzils hinsichtlich der Religion es halten sollte, wie ein jeder solches gegen Gott und kaiserliche Majestät zu verantworten hofft. Es kam alsbald zu den ersten Kirchen- und Schulvisitationen und damit zu einer umfassenden Neuorganisation des Kirchenwesens. Diese Neuordnungen sind nicht überall gleichzeitig durchgeführt worden, in Mitteldeutschland zuerst in Kursachsen von 1526 bis 1530 und in Teilen der Grafschaft Mansfeld und des Fürstentum Anhalt.

Der Ausgangspunkt für die Gründung der kursächsischen Landeskirche war die Wittenberger Reformation. Im Frühjahr 1521 heirateten die ersten Priester, unter ihnen Luthers Schüler Bartholomäus Bernhardi, Propst in Kemberg bei Wittenberg. Sie zogen damit die praktische Folgerung aus Luthers Kritik am Zölibat.[3] Ihrem Beispiel folgten Geistliche im Mansfeldischen und Meißnischen. Sie schlugen damit eine Bresche in die herrschende kirchliche Ordnung. In Wittenberg entwickelte sich eine radikale Bewegung mit Studentenunruhen und Bilderstürmerei. Sie wurde im März 1522 durch Luthers Rückkehr von der Wartburg, wo er, gerade erst in Reichsacht getan, zehn Monate in heimlicher Schutzhaft verbracht hatte, beseitigt. In der Stadt begann der evangelische Gottesdienst und der Aufbau einer neuen Kirchenordnung. Die Wittenberger Universität bildete fortan evangelische Pastoren aus, die dann in Mitteldeutschland und den anderen protestantisch gewordenen Teilen des Reiches, aber auch außerhalb der Reichsgrenzen wirkten. Friedrich der Weise war in seiner Frömmigkeit spätmittelalterlich verankert und kein überzeugter Lutheraner. Vor allem aus territorialpolitischen Gründen hatte er seinem Theologieprofessor Schutz gewährt. Am 5. Mai 1525 ist er in den Stürmen des Bauernkrieges gestorben. Ihm folgte sein Bruder Johann der Beständige (1525 - 1532), der sich offen zur Reformation bekannte und sich mit Erfolg für ihren organisatorischen Aufbau einsetzte.

Von den Städten, in denen die Reformation bereits von 1524 an erhebliche Fortschritte machte, ist vor allem Magdeburg zu nennen. Hier ging die reformatorische Predigt mit der Opposition gegen den erzbischöflichen Stadtherrn konform. Nikolaus von Amsdorf, ein Mitarbeiter Luthers, ordnete 1524 das Magdeburger Kirchenwesen im protestantischen Sinn. Die Stadt schloß sich dem 1531 insbesondere von Kursachsen und Hessen, anhaltischen Fürsten und Mansfelder Grafen gegründeten Schmalkaldischen Bund evangelischer Fürsten und Städte, ein Defensivbündnis gegen den Kaiser, an. Kaiser Karl V. hatte mit unverkennbarer Parteinahme für die Altgläubigen auf dem Augsburger Reichstag von 1530 die »Confessio Augustana« (Augsburger Confession) zurückgewiesen und auf Durchführung des gegen Luther und seine Anhänger gerichteten Wormser Edikts von 1521 bestanden. In den folgenden Jahren machte die territorialstaatliche Verfestigung der Reformation und die Ausbreitung des Luthertums weitere Fortschritte, bis die Auseinandersetzung um die Reformation zum Krieg führte. Kaiser Karl V. siegte im Schmalkaldischen Krieg 1546/47 und verlangte von Magdeburg die völlige Unterwerfung. Die Stadt weigerte sich, und so verfiel sie der Reichsacht. Die wehrhafte bürgerliche Gemeinde wurde zum Zufluchtsort für viele verfolgte Lutheraner. Von hier gingen aufsehenerregende Flugschriften gegen das Augsburger Interim von 1548 aus, ein auf kaiserliche Anordnung verfaßtes Ausnahmegesetz gegen die Evangelischen, das nur wenige Zugeständnisse gewährte. Magdeburg wurde als publizistisches Zentrum von evangelischer Seite als »Unsers Herrgotts Kanzlei« gerühmt.

Damit sind die Anfänge der reformatorischen Kirchengeschichtsschreibung verknüpft. Matthias Flacius, ein aus Wittenberg geflohener Theologieprofessor, inspirierte und organisierte die »Magdeburger Zenturien«, das ist die Kurzbezeichnung für die erste große, dazu bereits auf Quellenforschung beruhende protestantische Kirchengeschichte (Basel 1559 - 1574).

Im Süden des Erzstifts war Halle der Schwerpunkt im Kampf um die Einführung der Reformation. Sie begegnete hier stärkerem Widerstand, suchte doch der 1518 zum Kardinal erhobene Erzbischof Albrecht in seiner Lieblingsresidenz in die

Offensive zu gehen; Halle war dabei die Rolle eines Gegen-Wittenberg zugedacht. Er ersann den Plan, das von ihm hier gegründete Neue Stift zum Grundstock einer katholischen Universität zu bilden. Schon war dafür 1531 die päpstliche Genehmigung erfolgt, da vereitelte das Fortschreiten der Reformation in Halle und Umgebung das Vorhaben. Da seine Stifte Magdeburg und Halberstadt unaufhaltsam zur neuen Lehre übertraten, mußte Albrecht am 21. Februar 1541 endgültig aus Halle ins Stift Mainz weichen. Jetzt konnte der gegen den Willen des Kardinals herbeigerufene Justus Jonas, ein Vertrauter Luthers, als Superintendent die Reformation einführen. Offiziell fand die Reformation im gesamten Erzstift erst unter Erzbischof Sigismund von Brandenburg (1552 - 1566) in seinem Sterbejahr 1566 Eingang.

In den Stiften Naumburg-Zeitz und Merseburg breitete sich der Protestantismus von Sachsen her aus. 1542 besetzte Kurfürst Johann Friedrich (1532 - 1547) als Schutzherr den freigewordenen Naumburger Bischofsstuhl mit dem bereits genannten protestantischen Theologen Nikolaus von Amsdorf, obwohl das Domkapitel den Katholiken Julius von Pflug gewählt hatte. Amsdorf mußte im Schmalkaldischen Krieg Pflug weichen. Dessen Versuche, das Stift zu rekatholisieren, blieben erfolglos. Nach Pflugs Tode 1564 begannen protestantische wettinische Administratoren, das heißt Verweser, ihre Tätigkeit. Unter ihnen gelangte Naumburg-Zeitz völlig unter sächsische Landeshoheit. 1544 wählte das Domkapitel Merseburg den Herzog August von Sachsen, später Kurfürst (1553 - 1586), zum Administrator des Bistums. Damit verstärkte auch hier das Haus Wettin seine Position.

Nach dem Sieg Kaiser Karls V. im Schmalkaldischen Krieg mußte August jedoch auf die Administration von Merseburg verzichten. Der letzte Bischof Michael Helding (1549 - 1561) vermochte sich in Merseburg nicht durchzusetzen. Das Bistum kam nach ihm wieder unter evangelische Administratoren aus dem Haus Wettin. 1566 ging auch das Erzstift Magdeburg unter Joachim Friedrich von Brandenburg (1566 - 1598), zur Administration über und entwickelte sich nunmehr zu einem Bestandteil der aufstrebenden Hohenzollernmacht.

Auch in seinem Bistum Halberstadt suchte Kardinal Albrecht die um 1520 deutlich wachsende Sympathie für Martin Luther zu unterdrücken. So scheiterten vorerst alle Bestrebungen, die Reformation in Halberstadt einzuführen. In weiter entfernten Städten des Hochstifts gelang dies eher, zum Beispiel in Osterwieck und Ermsleben 1535. Nach dem Tode von Bischof Sigismund 1566 wählte das noch stark zum Katholizismus tendierende Halberstädter Domkapitel den Enkel des strengkatholischen Herzogs Heinrich II. von Braunschweig-Wolfenbüttel, den erst zweijährigen Heinrich Julius, zum neuen Bischof. Damit endete die seit 1479 bestehende Personalunion der Stifte Halberstadt und Magdeburg. Da der Erwählte noch minderjährig war, ging die Landesregierung vereinbarungsgemäß auf 12 Jahre an das Domkapitel über. Das Domkapitel erwies sich als die Hauptstütze für die Restbestände des Katholizismus im Bistum. Entgegen der an seine Wahl geknüpften Bedingung, an der katholischen Religion immer festzuhalten, verheiratete sich der großjährig gewordene Heinrich Julius und ging vorsichtig dazu über, die katholischen Bräuche abzuschaffen; das Stift wurde 1591 evangelisch. Die Klöster wehrten sich mit Erfolg gegen die Einführung der Reformation. Im Jahre 1648 bestanden noch 12 Klöster. Die religionspolitischen Festlegungen des Westfälischen Friedens 1648 sicherten ihre weitere Existenz. So hatte die Reformation im Hochstift Halberstadt einen langgestreckten Verlauf genommen und zum Überleben bedeutender Reste des Katholizismus geführt.[4]

Die Grafschaft Mansfeld, Luthers engere Heimat, und die Besitzungen des Hauses Wettin gehörten zu jenen Teilen Europas, in denen der Bergbau und damit frühkapitalistische Wirtschaftsformen das wirtschaftliche und soziale Leben, die kulturelle Entwicklung und politische Stellung wesentlich prägten. Der Mansfelder Kupferschieferbergbau nahm im 15. Jahrhundert einen bedeutenden Aufschwung und erreichte in den ersten Jahrzehnten des 16. Jahrhunderts einen Höhepunkt. Mansfelder Kupfer ging vor allem in die großen Handelsstädte Süddeutschlands und nach Venedig. Luthers Eltern waren 1483 aus der Eisenacher Gegend in die Grafschaft mit dem aufblühenden Bergbau gezogen, um hier eine Existenz aufzubauen. Hans Luther ist nach schwierigem Anfang ein

Hüttenmeister, also ein kleiner Unternehmer geworden. Wiederholte Teilungen im 15. und 16. Jahrhundert zersplitterten die Macht des Grafenhauses und verminderten seine Selbständigkeit gegenüber den Wettinern und den Stiften Magdeburg und Halberstadt. Am einschneidendsten war die Teilung von 1501. Es entstanden drei Linien. Daher umfaßte die damals stark erweiterte Mansfelder Schloßanlage schließlich drei zum Teil unter dem Einfluß der Hallischen Renaissance gestaltete Schlösser. Sie wurden der Lage nach als Vorderort, Mittelort und Hinterort bezeichnet. Jedes von ihnen war Sitz einer Grafenlinie. Die Mansfelder Grafen fanden nicht zu einer einheitlichen Haltung gegenüber der reformatorischen Bewegung, die zwischen 1517 und 1525 in der Grafschaft Fuß faßte.

Graf Albrecht IV. von der Linie Hinterort erklärte sich 1525 mit seinem Bruder Gebhardt VII. (Mittelort) als einer der ersten von hohem Adel in Deutschland für die Reformation. Die Linie Vorderort blieb bis zum 1540 erfolgten Tode des Grafen Hoyer IV., der als Haupt der katholischen Richtung in enger Beziehung zu Kaiser Karl V., dessen Bruder Ferdinand I. und Herzog Georg von Sachsen stand, dem alten Glauben treu. Nun stand der vollständigen Einführung der Reformation in der Grafschaft nichts mehr im Weg. Schulgeschichtlich bemerkenswert ist die Errichtung des Gymnasiums in Eisleben, das lange Zeit der Mittelpunkt des geistigen Lebens in der Grafschaft war. Angeregt durch Luthers Schrift »An die Ratsherren aller Städte deutschen Landes, daß sie christliche Schulen aufrichten und halten sollen« (1524), faßten die Grafen Albrecht IV. und Gebhardt VII. den Entschluß, eine gehobene evangelische Schule in Eisleben, Hauptstadt der Grafschaft, zu gründen. Luthers Schüler und Freund Johann Agricola, selbst aus Eisleben gebürtig und nach seiner Vaterstadt »Magister Islebius« genannt, stand als Pädagoge dem Grafen dabei zur Seite; er wurde der erste Rektor der Schule. Aus seiner Feder stammt die erste hochdeutsche Sprichwortsammlung (1529). Die Schule wurde 1546 noch auf Luthers Rat mit der von den vorderortischen Grafen gegründeten katholischen, aber inzwischen protestantisierten Schule zum Eislebener Gymnasium vereinigt.

18

Bronzeepitaph für Friedrich den Weisen

Die sich in Deutschland ausbreitende reformatorische Bewegung trug mit ihrer in weltliche Bereiche tief einwirkenden radikalen Kirchenkritik wesentlich zur Erschütterung der alten Ordnung bei. Durch die Reformation, die die in der Bibel nicht enthaltenen Lasten als ungöttlich erklärt hatte, erfolgte der Hauptanstoß zum deutschen Bauernkrieg von 1525. Das Evangelium wurde von den Aufständischen für eine wünschenswerte Neuordnung aller Lebensbereiche in Anspruch genommen. Mit ihren zwei Forderungen, daß das Gotteswort unverfälscht gepredigt und der Pfarrer durch die Gemeinde gewählt werden sollte, trieben sie die reformatorische Bewegung voran.

Martin Luther wandte sich jedoch mit wachsender Schärfe dagegen, daß im Bauernkrieg das Evangelium für sozial-politische Belange beansprucht wurde.[5] Im April und Mai 1525 reiste Luther nach Eisleben und Weimar, um dem beginnenden Thüringer Aufstand mit Predigten entgegenzutreten.[6] Gegen Müntzers zündende Predigten vom Reich Gottes für den armen Mann konnte er nicht ankommen. Unmittelbar nach seiner Rückkehr nach Wittenberg veröffentlichte er seine harte Schrift »Wider die räuberischen und mörderischen Rotten der Bauern« mit ihrer Aufforderung an die Fürsten, mit allen Mitteln den Aufstand niederzuwerfen.

Der Schauplatz des Bauernkrieges erstreckte sich von der Schweiz bis nach Thüringen und in das nördliche Vorharzgebiet, ungefähr bis zur Linie Goslar-Halberstadt. In den Mittelpunkt des Thüringer Aufstandes rückte Mühlhausen, seine überragende Persönlichkeit war der radikale Theologe Thomas Müntzer aus Stolberg am Harz. Er wirkte seit Ostern 1523 im wettinischen Allstedt als Prediger und hatte nach der Wittenberger Reform der Messe 1521 von sich aus einen weiteren bedeutenden Eingriff in die alte Liturgie vorgenommen. Es ging ihm dabei vor allem um die Beseitigung der Barrieren zwischen Priester und Volk. Seine Predigten erhielten Zulauf auch aus angrenzenden katholischen Gebieten, die von Herzog Georg dem Bärtigen von Sachsen (1500 - 1539) und Graf Ernst II. von Mansfeld (1484 - 1532) aus der Linie Vorderort regiert wurden. Sogar aus Frankenhausen, Aschersleben und Halle stellten sich Anhänger des Predigers ein. Müntzer gründete den »Bund der Auserwählten«, dem Bürger, Handwerker und Bergknappen angehörten. Als seine Landesherrschaft ihn ultimativ aufforderte, seinen Bund aufzulösen, verließ er Anfang August 1524 heimlich die Stadt und wandte sich nach Mühlhausen.

Gleich zu Beginn des Thüringer Aufstandes im April 1525 beabsichtigte Müntzer von Mühlhausen aus ganz Thüringen zu erobern. Zuerst wollte er in das militärisch wichtige Heldrungen ziehen. Die Mansfelder Grafen hatten Burg und Herrschaft Heldrungen 1484 käuflich erworben. Graf Ernst II. ließ 1512 - 1519 das Schloß und die Festung nach einem einheitlichen Plan erbauen. Während des Bauernkrieges war hier ein militärisches Zentrum des nordthüringischen Adels. Von Heldrungen aus sollte sich nach Müntzers Auffassung der Mühlhäuser Haufen nach Frankenhausen wenden, um dieses Aufstandszentrum zu verstärken.

Müntzer konnte sich aber mit seinem Plan nicht durchsetzen. Der Mühlhäuser Haufen zog vielmehr am 30. April 1525 ins Eichsfeld, wo reiche Beute in Klöstern und Herrensitzen zu erwarten stand. Der Eichsfeldzug wurde am 5. Mai beendet, aber eine militärische Entscheidung war damit nicht herbeigeführt worden. Jetzt erst konnte Müntzer den Zug nach Frankenhausen vorbereiten. Zu diesem Zeitpunkt befand sich ein Haufen Mansfelder Bergknappen zusammen mit Knappen aus dem Harz und Aufständischen aus der Frankenhäuser Gegend auf einem Zug in südlicher Richtung zum begüterten Kloster Reinsdorf bei Nebra (Unstrut). Durch diesen Vorstoß wurde die Bauernschaft zwischen Querfurt und Nebra in Bewegung gebracht. Am 5. Mai wurde der Haufen von sächsisch-albertinischen Truppen überfallen und zerschlagen. Die Entscheidung für Thüringen fiel am 15. Mai in der Schlacht bei Frankenhausen. Es war im Grunde ein Überraschungsangriff sächsischer, hessischer und braunschweigischer Truppen auf das unvorbereitete Frankenhäuser Lager. Müntzer wurde gefangengenommen und später enthauptet. Die Bauernbewegung jedoch ging weiter. Auch in Gegenden, die nicht unmittelbar von Müntzer beeinflußt waren, hatten sich Bauern erhoben, so am nördlichen Harzrand.

Der Bauernkrieg brachte den entscheidenden Stoß gegen die allenthalben als kostspielig und unnütz verschrienen Stifte und Klöster in Mitteldeutschland. So sind in der Grafschaft Mansfeld alle Niederlassungen dem Sturm zum Opfer gefallen. Das Klostergut ist in den folgenden Jahren von den Fürsten eingezogen worden. Es diente zur Finanzierung der staatlichen, städtischen und kirchlichen Belange sowie zum Aufbau eines protestantischen Bildungswesens. Ältere und neue höhere Lehranstalten erhielten auf diese Weise eine solide Ausstattung. Das Wittenberger Kloster der Augustinereremiten blieb seit 1525 Martin Luther, der in diesem Jahr heiratete, als Stätte seines gastlichen Hauswesens allein überlassen; als Lutherhaus wurde es weltberühmt und birgt heute das einzigartige reformationsgeschichtliche Museum. Die Universität Wittenberg erhielt die Besitzungen des Allerheiligenstifts, ursprünglich eine kirchliche Stiftung der Askanier. Umfangreiche Klostergüter wurden zur Errichtung der drei sächsischen Fürstenschulen Pforte (1543), Meißen (1543) und Grimma (1550) bereitgestellt. Diese Ausbildungsstätten für die neue territorialstaatliche Elite sind in den folgenden Jahrhunderten als bedeutende Pflegestätten humanistischer Geisteskultur zu Ruhm gekommen.

Andere in der Reformationszeit gegründete bekannte Lehranstalten sind die Klosterschule Roßleben, die aus dem Zisterzienserinnenkloster hervorging, und Kloster Berge bei Magdeburg, ehemals ein Benediktinerkloster. So legten die schulpolitischen Maßnahmen der Reformationszeit den Grund für die klassische sächsisch-thüringische Bildungslandschaft.

Das albertinische Sachsen übernahm erst nach dem Tode des Herzogs Georg am 17. April 1539 unter seinem Nachfolger Heinrich dem Frommen (1539-1541) offiziell die lutherische Reformation. Heinrich präsentierte sich von Anfang an bewußt als evangelischer Landesfürst. Ihm folgte Herzog Moritz (1541-1553). Er erstrebte zwei politische Ziele: Die Wiedervereinigung des seit 1485 geteilten Kurfürstentums Sachsen in seiner Hand und die Sicherung der Reformation in Deutschland.[7] Um das erste Ziel zu erreichen, wurde er im Schmalkaldischen Krieg zum Partner des Kaisers gegen die Ernestiner, seine Glaubensgenossen und Verwandten. Erst die

Schlacht bei Mühlberg am 24. April 1547, die darauf erfolgende Gefangennahme des Kurfürsten Johann Friedrich (1532 - 1547) und die Wittenberger Kapitulation vom 19. Mai 1547 führten Moritz an das Ziel seiner Wünsche. Am 4. Juni erteilte ihm Karl V. die Kurwürde; dazu erhielt er einen großen, den östlichen Teil der ernestinischen Erblande (Wittenberg, Torgau, Eilenburg, Grimma), also nicht wie erhofft das gesamte ernestinische Territorium. Die Hauptstadt des neuen albertinischen Kurstaates war Dresden. Wittenberg sank nun zu nachgeordneter Bedeutung herab, fürstliche Residenz ist es seither niemals mehr gewesen. Der Ausgangspunkt der Reformation mit seinen Lutherstätten wurde zum symbolischen Ort des Protestantismus. Die Ernestiner sahen sich mit dem Verlust der Kurwürde auf ihre Besitzungen im südlichen Thüringen beschränkt.

Erst der kirchenpolitische Umschwung im albertinischen Sachsen von 1539 ermöglichte die Einführung der Reformation in Stift und Stadt Quedlinburg, das seit 1479 unter wettinischer Schutzherrschaft stand. In den Grafschaften Stolberg und Wernigerode breitete sich die Reformation schon unter dem katholischen Grafen Botho (1511 - 1538) aus. Nach dem Tod ihres Vaters wandten sich die Grafen Wolfgang und Ludwig, die in Wittenberg studiert hatten, 1539 der Lehre Luthers zu, zu der sich ihre Untertanen längst bekannten. Der Landesherr der Altmark, der brandenburgische Kurfürst Joachim II. (1535 - 1571) blieb nach seinem Regierungsantritt zunächst bei der alten Lehre. Unterdessen liefen aus den Kreisen der Städte und der Ritterschaft Gesuche ein, die zur Kirchenerneuerung drängten. Unter Druck von unten trat Joachim am 1. November 1539 halbherzig zur Reformation über.

Anhalt wurde zur Zeit der Reformation von zwei verschiedenen Linien regiert: Bernburg-Köthen von der Siegmund-Waldemar-Linie und Dessau von der Siegmund-Ernst-Linie. Zerbst wurde seit dem Aussterben der Albrechtschen Linie 1508 gemeinsam verwaltet. Zuerst öffneten sich Bernburg 1526 und Köthen 1528 der Reformation, wo damals Fürst Wolfgang regierte, der Sohn Waldemars VI., der die Linie begründet hatte. Wolfgang gehörte zu den deutschen Fürsten, die sich schon früh, um 1521, zur Reformation bekannten. Daher hieß er bei Gleichgesinnten »der Bekenner«. Er wirkte auch auf der Ebene des Reiches für die Ausbreitung der landesfürstlichen Reformation. Auf dem Reichstag zu Speyer 1529 unterzeichnete er zusammen mit dem sächsischen Kurfürsten Johann und anderen evangelischen Reichsständen die gegen den Beschluß der Reichstagsmehrheit gerichtete Protestation, die den Anhängern der Reformation den Namen »Protestanten« eintrug. Der protestantischen Westlinie – Fürst Wolfgang – stand die katholische Ostlinie in Anhalt-Dessau, repräsentiert durch Fürstin Margarete, gegenüber. Sie war die Witwe des 1516 verstorbenen Fürsten Ernst und führte die Vormundschaft für ihre minderjährigen Söhne Joachim, Georg und Johann. Sie kämpfte für die Erhaltung der katholischen Kirche in Anhalt-Dessau und in der Stadt Zerbst, die ja von der Waldemar und Ernst-Linie gemeinsam verwaltet wurde. Zerbst war damals mit 6000 Einwohnern die größte und gewerblich bedeutendste anhaltische Stadt. Den Ausgangspunkt der Reformation bildete hier 1522 das Augustinereremitenkloster. Nach dem Tode der Fürstin am 28. Juni 1530 konnte sich die Reformation in Dessau 1534 und dann auch in Zerbst 1540 durchsetzen.

Anhalt schloß sich der Augsburgischen Konfession von 1530 an und hatte vorläufig teil an der allgemeinen konfessionellen Entwicklung in Mitteldeutschland. 1570 erfolgte die Wiedervereinigung aller anhaltischen Lande unter Joachim Ernst von der Siegmund-Ernst-Linie. In den folgenden Jahren schlug Anhalt eine konfessionspolitische Sonderentwicklung ein. Es nahm die im Kloster Berge bei Magdeburg fertiggestellte Konkordienformel, das einheitliche Lehrbekenntnis des Luthertums von 1577, nicht an und begann sich dem Calvinismus zu nähern. Das geschah unter dem Zerbster Generalsuperintendenten Georg Amling, dem geistigen Führer der Einführung der reformierten Kirche in Anhalt. Hier setzte sich das Reformiertentum in der philippistisch-calvinistischen Form durch. Auf dieser geistigen Grundlage wirkte das durch Fürst Joachim Ernst 1582 in Zerbst gegründete Gymnasium illustre. Als eine Kombination von Gymnasium und Hochschule bot es die Vorbildung für das Universitätsstudium und leitete darüber hinaus auch in der Fachbildung in die Disziplinen

ALBERTVS·MI·DI·SA·SANC·
ROMANAE·ECCLAE·TI·SAN·
CHRYSOGONI·PBR·CARDINA·
MAGVN·AC·MAGDE·ARCHI
EPS·ELECTOR·IMPE·PRIMAS
ADMINI·HALBER·MARCHI
BRANDENBVRGENSIS

SIC·OCVLOS·SIC·ILLE·GENAS·SIC·
ORA·FEREBAT
ANNO·ETATIS·SVE·XXIX
·M·D·XIX·

Kardinal Albrecht

25

Theologie, Philosophie und Rechtswissenschaft ein. Es wurde zum geistigen Mittelpunkt Anhalts in der frühen Neuzeit.

Fürst Joachim Ernst starb 1586. Die Söhne teilten sich 1603 in das väterliche Erbe. Johann Georg I. erhielt Dessau, Christian Bernburg, Rudolf Zerbst und Ludwig Köthen. Zerbst kehrte 1644 auf Betreiben seines Fürsten Johann zum Luthertum zurück. Somit gab es in Anhalt nun drei reformierte Landeskirchen und eine lutherische. Ludwig von Anhalt-Köthen (1603 - 1650) ist als Mitbegründer 1617 und Vorsitzender der »Fruchtbringenden Gesellschaft« hervorgetreten. Diese Akademie und Sprachgesellschaft gilt als einer der Ursprünge der deutschen Nationalliteratur in Mitteldeutschland. 1618 berief Ludwig den Schulreformer Wolfgang Ratke als Berater nach Köthen. Dieser suchte den Unterricht auf Anschauung und die Muttersprache zu gründen. Der Begründer der Linie Anhalt-Bernburg, Christian I. (1603 - 1630), leitet mit seinem Wirken als Staatsmann im Dienste der pfälzischen Kurfürsten Friedrich IV. (1583 - 1610) und Friedrich V. (1610 - 1623) schon unmittelbar zur Thematik des Dreißigjährigen Krieges über.

HEINZ KATHE

In den Wirren des Dreißigjährigen Krieges

Auf Drängen des in pfälzischen Diensten stehenden calvinistischen Fürsten Christian I. von Anhalt-Bernburg, der auf Grund der zunehmenden Aktivitäten der gegenreformatorischen Kräfte um seine Position bangte, wurde im Jahre 1608 die zunächst auf zehn Jahre befristete protestantische Union gegründet. Dieser traten u. a. die Kurpfalz, Hessen-Kassel, Württemberg, Baden sowie Brandenburg bei. Auch die Hohenzollern verfolgten mit diesem Schritt machtpolitische Ziele. Kurfürst Johann Sigismund (1608 - 1619) hoffte auf bessere Voraussetzungen für die Verwirklichung seiner Annexionsabsichten, die bereits kurze Zeit später im Jülich-Kleveschen Erbfolgestreit deutlich wurden. Als er im Zusammenhang mit diesen Auseinandersetzungen aus hauptsächlich politischen Gründen 1613 zum Calvinismus übertrat, verlor der Kurfürst sogar den Schutz des Augsburger Religionsfriedens und war auf Bündnispartner stärker denn je angewiesen.

Die Spezifik der Situation an Elbe und Saale resultierte aus dem Ringen der ansässigen größeren Territorialfürsten um die Vorherrschaft in Mitteldeutschland, das seinen Ausdruck im Kampf um die hier anzutreffenden geistlichen Territorien fand. Der sächsische Kurfürst Johann Georg I. (1611 - 1656), der sich wie die Hohenzollern schon an mehreren derartigen Gebieten bereichert hatte und den brandenburgischen Administrator des Erzbistums Magdeburg durch seinen Sohn zu ersetzen trachtete, trat – obwohl ebenfalls protestantisch – deshalb der Union nicht bei und näherte sich im Gegenteil dem Kaiser an. Dieser machte selbst Ansprüche auf Magdeburg und Halberstadt geltend, weshalb ihm sehr an einem Verbündeten in Mitteldeutschland gelegen war. Rivale um das Hochstift Halberstadt war desweiteren Herzog Friedrich Ulrich von Braunschweig-Lüneburg, dessen Geschlecht seit dem letzten Drittel des 16. Jahrhunderts den dortigen Administrator stellte. Der Herzog war ebenfalls nicht gewillt, eine ausgeprägt antikaiserliche Politik zu betreiben und trat 1626 sogar in kaiserliche Dienste.

Im Jahre 1609 erfolgte mit der Gründung der katholischen Liga die unmittelbare Antwort der gegenreformatorischen Kräfte unter Führung des Herzogs Maximilian I. von Bayern (1597 - 1651) auf die Gründung der protestantischen Union. Eine umfassende politisch-religiöse Auseinandersetzung der deutschen Fürsten kündigte sich an. Diese bekam europäische Dimensionen, als beide Fürstengruppierungen begannen, sich im Ausland nach Verbündeten umzusehen, die in der Folgezeit ihre machtpolitischen Rivalitäten mit Hilfe der deutschen Potentaten auf dem Rücken des deutschen Volkes austrugen.

Noch bevor sich die Kriegshandlungen nach Mitteldeutschland verlagerten, kam es hier in einer Reihe von Städten im Zusammenhang mit einer spürbaren Geldentwertung und Preissteigerung zu Volksbewegungen. Viele deutsche Fürsten versuchten, ihre zerrütteten Staatsfinanzen zu konsolidieren, indem sie den Edelmetallgehalt der Münzen verringerten und das höherwertige »gute« Geld zum eigenen Vorteil aus dem

27

Verkehr ziehen ließen. Die zugespitzte Situation erreichte ihren Kulminationspunkt, als vielerorts derartige Kipper- und Wippermünzen nicht wieder angenommen und vor allem Lebensmittel zurückgehalten wurden. Rasch entlud sich der Volkszorn in Form von Tumulten, die sich gegen die zunehmende Verteuerung der Lebensmittel richteten. Insbesondere ärmere Volksschichten waren es, die 1622 in Salzwedel, Tangermünde, Gardelegen, Zerbst, Wernigerode, Elbingerode, Wittenberg, Eisleben, Mansfeld, Dessau und Naumburg für die Beseitigung der Mißstände eintraten.

Im Januar 1622 erhoben sich die Einwohner Halles und stürmten mehrere Häuser der Kipper und Wipper. Administrator Christian Wilhelm setzte sofort Soldaten ein und ließ die Bewegung blutig niederschlagen. Auch in Halberstadt schritt die Obrigkeit im Dezember 1621 ein, um die Erstürmung der Wohnungen des Münzmeisters und wohlhabender Bürger zu verhindern. In Magdeburg beteiligten sich im Februar 1622 mehrere Hundert Menschen an Aktionen gegen die verhaßten Kipper und Wipper. Auf Grund der vielfachen Äußerungen des Volkszorns und der Tatsache, daß die Geldentwertung letztlich auch die fürstlichen Auftraggeber schädigte, wurden 1624 auf Reichsebene die minderwertigen Münzen eingezogen und gegen »gutes« Geld ersetzt, nachdem vorher bereits durch verschiedene Territorialfürsten Maßnahmen eingeleitet worden waren, um die drohende Eskalation der Unruhen zu verhindern.

Im Jahre 1625 griff das Kriegsgeschehen auf das Gebiet von Elbe und Saale über, als der niedersächsische Reichskreis unter Führung des dänischen Königs Christian IV. (1588 - 1648) angesichts der bisherigen militärischen Erfolge des habsburgisch-katholischen Lagers ein Heer von ca. 16 000 Soldaten rüstete und u. a. die nördliche Altmark besetzen ließ. Im Gegenzug nahm Kaiser Ferdinand II. (1619 - 1637) das Angebot des böhmischen Adligen Albrecht von Wallenstein an, auf eigene Kosten eine Armee aufzustellen und ins Feld zu schikken. Innerhalb weniger Wochen warb der Friedländer ein Heer von ca. 38 000 Soldaten, mit dem er im Herbst des Jahres 1625 den Harz, die gesamte Börde sowie die anhaltischen Ter-

ritorien besetzte, hier Winterquartier nahm und sein Hauptquartier zunächst in Halberstadt und später in Aschersleben
aufschlug. Wallenstein ließ in den besetzten Gebieten sofort
riesige Kontributionen eintreiben, um die Kriegsunterneh-
mungen gemäß dem Leitspruch »Der Krieg ernährt den
Krieg« finanzieren und die verauslagten Gelder zurückerhal-
ten zu können.

Obwohl der General um Disziplin in seinem Heer bemüht war,
kam es bereits unmittelbar nach der Besetzung des Elbe-Saa-
le-Gebietes zu Plünderungen und Übergriffen der Söldner
gegen die einheimische Bevölkerung. Im Jahre 1626 wurde
das Flugblatt eines Hallenser Salzsieders verbreitet, in dem es
hieß:

Ach Gott, wollst dich erbarmen mein! Muß denn die Welt voll
Teufel sein?

Ich hab auch einen in dem Haus,
Der treibt mich bald zur Stadt heraus;
Ich kann nicht mehr darinnen sein,
Und sollt der Teufel schlagen drein:
Was ich erkrimm und nur erkratz,
Frißt und säuft mir der schlimme Fratz,
Indessen das ich Hunger leid,
Mit meinen Kindern und mein Weib.
Soll mich darzu noch lassen schlagen?
Nein, das will nicht verdaun mein Magen.
Er wird mich endlich doch ausjagen,
Wenn ich nicht mehr hab aufzutragen,
Wenn er verzehrt hat alls mein Wein,
Muß ich doch noch vertrieben sein,
Und in das Elend ziehen aus.
Was wird dann letztlich werden draus?[28]

Ende 1625 bzw. Anfang 1626 flohen Hunderte von Bewohnern
im und am Harz gelegener Orte vor den kaiserlich-ligistischen
Soldaten in die unwegsamen Höhen des Gebirges, bildeten
bewaffnete Trupps, überfielen Söldnerabteilungen, beraub-
ten Versorgungseinheiten. Die »Harzschützen« dehnten all-

mählich ihre Streifzüge bis nach Halberstadt, Quedlinburg, Aschersleben, Nordhausen und anderen Städten aus, wo sie Unterstützung fanden und öffentliche Werbungen vornahmen. Im Sommer 1627 erreichte die zu den bedeutendsten Widerstandsaktionen des Krieges zählende Bewegung ihren Höhepunkt. Sie hatte zu dieser Zeit den überwiegenden Teil der Harzregion erfaßt und begann auf andere Gebiete überzugreifen; Anfang Juli nahmen sie die Burgen Hohnstein, Klettenberg und Stiege ein. Zeitweise gelang es den Harzschützen, das Eindringen der Soldaten in das Mittelgebirge weitgehend zu verhindern. Ende Juli 1627 begann die kaiserliche Armee mit Unterstützung des einheimischen Adels, die Formationen der Aufständischen zu zerschlagen.

Mitte April 1626 wurde die Offensive des niedersächsischen Kreises mit einem Angriff des 1623 zur Abdankung genötigten ehemaligen Halberstädter Administrators Christian von Braunschweig auf Goslar und des Obersten Fuchs auf das nördlich von Magdeburg an der Elbe gelegene Schloß Rogätz eingeleitet. Während diese Attacken durch die Armee Wallensteins abgewehrt werden konnten, bereitete der mit Dänemark verbündete Ernst von Mansfeld die Einnahme der wichtigen Elbebrücke bei Dessau, des einzigen festen Übergangs über den Fluß bis Magdeburg, vor. Anfang April wurde Zerbst besetzt und wenige Tage später ein erfolgloser Angriff auf die Roßlauer Schanze unternommen. Wallenstein zog daraufhin mit seiner Hauptstreitmacht in Eilmärschen nach Dessau. Dort konnte er in seiner ersten Schlacht als Feldherr am 25. April 1626 Ernst von Mansfeld eine schwere Niederlage zufügen.

In der Folgezeit gelang es den kaiserlich-ligistischen Armeen, ganz Mitteldeutschland und große Teile Norddeutschlands zu erobern. Lediglich Magdeburg widersetzte sich neben Stralsund einer Besetzung. Die militärischen Erfolge versuchte Kaiser Ferdinand II. sofort in politische umzumünzen. Im sogenannten Restitutionsedikt vom 6. März 1629 erklärte er alle Säkularisationen geistlichen Eigentums nach 1552/55 für ungültig. Diese Maßnahme zielte auf die Wiedergewinnung der ehemals katholischen geistlichen Territorien der Elbe-Saale-Region. Bereits im Dezember 1627 war das Halberstädter Dom-

Ablaßhandel

kapitel gezwungen worden, Leopold Wilhelm, den damals erst 14jährigen Sohn des Kaisers, zum neuen Bischof zu wählen. In einer ganzen Reihe von Kirchen wurde wieder die katholische Messe zelebriert. Mönche besetzten verschiedene ehemalige Klöster der Umgebung, zum Beispiel Michaelstein, Ilsenburg, Drübeck und Wasserleben, die mit der Einführung der Reformation aufgelöst worden waren. Im April 1630 wurden in Halle die evangelischen Domherren des Erzstiftes abberufen und durch katholische ersetzt. Auch im Magdeburgischen begannen sich Jesuiten zu regen, um Klöster zu rekatholisieren und die Bevölkerung vom evangelischen Bekenntnis abzubringen.

Während im Stift Halberstadt und im erzstiftischen Saalkreis die einsetzende Gegenreformation erste Erfolge erringen konnte, entfaltete sich ausgehend von Magdeburg in der Börde eine breite Volksbewegung gegen das Restitutionsedikt. Wallenstein mußte aus Furcht vor einem Aufstand des Landvolkes im Jahre 1629 die erste Belagerung Magdeburgs abbrechen; im Oktober schrieb er an den Kaiser, er befürchte einen Generalaufstand vergleichbar mit dem in den Niederlanden, der seinen Ausgangspunkt in Magdeburg haben könnte.[9] 1630 gelang es dem ehemaligen Administrator Christian Wilhelm, von Magdeburg aus mit Hilfe der Bevölkerung die zu dieser Zeit geringe kaiserliche Besatzung aus einer Reihe von Städten zu vertreiben. Anfang August besetzten seine Truppen selbst die Stadt Halle; lediglich die Moritzburg vermochte die kaiserlich-ligistischen Soldaten mit Mühe zu halten. Wallenstein wurde die Nachricht überbracht, daß besonders im Magdeburgischen niemand mehr Kontribution zahlen wolle.[10]

In Magdeburg war es 1630 infolge innerstädtischer Unruhen zur Bildung eines neuen Rates gekommen, der eine antihabsburgisch ausgerichtete Politik betrieb. Im August ging der neue Magistrat ein Bündnis mit dem am 6. Juli 1630 auf Usedom gelandeten schwedischen König Gustav II. Adolf (1611 - 1632) ein, dem eine Allianz mit Magdeburg, Schlüsselfestung und Symbol des antihabsburgischen Widerstandes, sehr gelegen kam. Während die schwedische Armee zunächst in Pommern verblieb und lediglich Oberst Falkenberg als Oberbefehlshaber in die Magdeburger Festung entsandte, begann die Blockade der Elbestadt durch die kaiserlich-ligistische Armee. Im März 1631 wurde sie in eine förmliche Belagerung umgewandelt. Nach und nach konnten die etwa 30 000 Angreifer unter Tilly und Pappenheim ihre Stellungen immer näher an die Befestigungen schieben. Obwohl die Verteidiger die vor den Toren der Stadt gelegenen Landstädte Neustadt und Sudenburg einrissen, vermochten sie damit aber ihre verzweifelte Lage nicht zu ändern. Angesichts der erdrückenden Übermacht der Belagerer und herrschenden Munitionsknappheit sah die sich tapfer verteidigende Bürgerschaft sich gezwungen, Unterhandlungen aufzunehmen. Die bereits beschlossene Übergabe der Stadt versuchte Oberst Falkenberg in letzter Minute zu verhindern. Plötzlich gelang es den Angreifern am 10. Mai 1631, im Norden die Befestigungsanlagen zu überwinden und in die Stadt einzudringen. Im Chaos der dabei entstandenen Feuersbrunst, deren tatsächlicher Urheber nicht ermittelt werden konnte, plünderte und mordete die Soldateska auf grausamste Art. Erschütternde Szenen spielten sich ab, Tausende Menschen kamen in den Flammen um. Otto von Guericke schrieb später: »Da ist nichts als Morden, Brennen, Plündern, Peinigen, Prügeln gewesen. Insonderheit hat ein jeder von den Feinden nach vieler und großer Beute gefragt.«[11]

Von der berühmten Stadt am Mittellauf der Elbe blieben nur der Dom und einige Häuser übrig. Schätzungen zufolge verloren etwa 25 000 Menschen ihr Leben. Bereits unter den Zeitgenossen erregte der Fall Magdeburgs äußerstes Aufsehen.

Angesichts der vordringenden Gegenreformation, des furchtbaren Schicksals Magdeburgs sowie der nun einsetzenden Offensive der schwedischen Armee gaben Kursachsen und Brandenburg ihre bisher geübte Neutralität auf und schlossen wie die anhaltischen Fürsten im Juni bzw. September 1631 Bündnisse mit Gustav Adolf. Dessen Truppen drangen über die Altmark östlich der Elbe nach Sachsen vor. Hier trafen sie am 18. September 1631 erstmals auf das kaiserlich-ligistische Heer bei Breitenfeld unweit Leipzigs, wobei Gustav Adolf einen glänzenden Sieg errang.

Während die schwedische Armee nun nach Süddeutschland zog, besetzten Einheiten des im Sommer 1630 abgesetzten, aber inzwischen rehabilitierten und erneut mit umfassenden Vollmachten versehenen Wallenstein im Oktober 1632 das Erzgebirge sowie Thüringen und drangen in die Leipziger Tiefebene vor. Leipzig, Halle, Naumburg, Weißenfels, Merseburg und andere bedeutende Orte sowie die wichtigsten Flußübergänge wurden besetzt. Gustav Adolf war gezwungen, seine Soldaten nach Sachsen zurückzuführen. Über Erfurt marschierte die schwedische Armee nach Naumburg, dessen kaiserliche Besatzung überrumpelt wurde. Nachdem die Stadt befestigt worden war, zogen die Schweden der Armee Wallensteins entgegen. Bei Lützen kam es am 6. November 1632 zu einer der größten Schlachten des gesamten Krieges, an der insgesamt fast 40 000 Soldaten beteiligt waren. Von 11.00 Uhr bis in die Dunkelheit gegen 19.00 Uhr tobte das wechselhafte Kriegsgeschehen, in dessen für die Schweden siegreichen Verlauf mehrere Tausend Soldaten fielen. Unter den Opfern befanden sich auch der schwedische König Gustav Adolf sowie Wallensteins General Pappenheim.

Die mit dem Sieg bei Lützen verbundene schwedische Vorherrschaft in Mitteldeutschland währte aber nur kurze Zeit, da u. a. Kursachsen nicht an einer uneingeschränkten Vorherrschaft des Verbündeten gelegen war. Eingeleitete Verhandlungen mit Wallenstein fanden nach dessen Ermordung ihren Niederschlag im Prager Frieden von 1635, dem sich auch die anhaltischen Fürsten anschlossen. Seinen Übertritt in das habsburgische Lager ließ sich der sächsische Kurfürst Johann Georg entsprechend honorieren: Er erhielt u. a. die magdeburgischen Ämter Querfurt, Jüterbog und Dahme sowie die Stadt Burg. Sein Sohn August bekam auf Lebenszeit das Erzbistum Magdeburg zugesprochen.

Ab der zweiten Hälfte der dreißiger Jahre gestaltete sich der Kriegsverlauf zunehmend unübersichtlicher und reduzierte sich weitgehend auf das Ringen zwischen den Soldaten und der einheimischen Bevölkerung um die wenigen noch verbliebenen Ressourcen. Die Söldner, häufig selber hungernd, zogen auf eigene Faust vielfach brandschatzend, plündernd, rau-

Wittenberg, Lutherhaus

bend und mordend in kleinen Einheiten durch das Land. Waren die Befehlshaber in der ersten Kriegshälfte wenigstens zum Teil in der Lage, Disziplin und »Manneszucht« durchzusetzen, so traten jetzt Soldaten und Troß den Bewohnern immer häufiger als Peiniger und Zerstörer gegenüber. Damals entstanden jene Vorstellungen, die bis zum heutigen Tag zum grauenvollen Sinnbild von Tod und Schrecken im Zeitalter des »großen Krieges« geblieben sind.

Da die militärische Schlagkraft der zahllosen kleinen Soldatentrupps relativ gering war, stiegen die Chancen für einen erfolgreichen Widerstand der Bewohner. Beispielsweise kontrollierte in der Altmark eine Bauernbewegung ab Ende der dreißiger Jahre zeitweise größere Gebiete des Landes und schützte es vor den Soldaten. In mehreren Städten wie in Schwanebeck, Kroppenstedt und Löbejün versuchten die bewaffneten Bürger, ihre Stadttore beim Herannahen von Soldaten zu schließen und diese auch mit Gewalt an einer Besetzung zu hindern.

Ab Mitte der vierziger Jahre erlahmte auch in Mitteldeutschland das Kriegsgeschehen – der Dreißigjährige Krieg starb an Erschöpfung. Während im gesamten Reichsgebiet der in den Kriegsjahren eingetretene Bevölkerungsverlust auf etwa ein Drittel geschätzt wird, umfaßte er in weiten Teilen des sächsisch-anhaltischen Territoriums bis zu zwei Drittel des Vorkriegsniveaus. Tendenziell waren die Verluste in den westlichen Landesteilen geringer als in der Nähe der großen Durchgangsstraßen. Folgenschwer für die weitere Entwicklung waren die ausgeprägten Zerstörungen an Wohngebäuden und Produktionsgeräten. Wie katastrophal sich das Kriegsgeschehen zum Beispiel auf die Wohnverhältnisse der Einwohner Mitteldeutschlands auswirkte, wird anhand der kleinen Bördestadt Kroppenstedt deutlich. Von den dort Mitte der dreißiger Jahre lebenden 122 Hauswirten hatte nahezu ein Drittel Beschädigungen an ihren Häusern hinnehmen müssen. Welche Menschenschicksale mögen sich hinter folgenden Akteneintragungen verbergen: Michael Heße »wohnt uf einer wüsten Stete in einer Hütte«, Henning Plock vegetierte »unter einem Schuppen«, Paul Kutscher hauste »im Keller, worüber ein

Schuppen gebaut« war, Hans Bönicke lebte in seiner Brand-
stätte, Heinrich Froböse »zwischen Wenden unter einem
Schuppen, hat weder Scheune noch Stall.«[12] Als der Rat im
Jahre 1659 eine Aufstellung über den Zustand der Häuser des
Ortes erstellte, mußte er feststellen, daß nur etwa jedes achte
Haus den Krieg unbeschadet überstanden hatte.

Im Verlauf der seit 1644 in Münster und Osnabrück geführten
Friedensverhandlungen wurde das langjährige Ringen zwischen Brandenburg, Sachsen und Braunschweig-Lüneburg
um den Besitz der geistlichen Territorien und damit um die
Vorherrschaft in Mitteldeutschland zugunsten der Hohenzollern entschieden. Als Entschädigung für Vorpommern, auf das
der brandenburgische Kurfürst Friedrich Wilhelm (1640 -
1688) Ansprüche erhoben hatte, sie aber nicht vollständig
durchzusetzen in der Lage war, wurde ihm das Bistum Halberstadt als Fürstentum zugesprochen. Für das ebenfalls gefor-
derte Erzstift Magdeburg erhielt er lediglich die Anwartschaft;
das Territorium verblieb in Berücksichtigung der Festlegungen des Prager Friedens dem sächsischen Herzog August auf
Lebenszeit. Der Rat der Stadt Magdeburg versuchte durch seinen Bürgermeister Otto von Guericke vergeblich, die letztlich
den Zeitumständen nicht mehr entsprechende Reichsunmit-
telbarkeit für die damals vom Krieg noch schwer gezeichnete
Stadt durchzusetzen.

Als im Oktober 1648 das Vertragswerk von Münster und Osnabrück unterzeichnet wurde, war das sächsisch-anhaltische Territorium durch die Ereignisse des Dreißigjährigen Krieges
in seiner Entwicklung um mindestens zwei bis drei Generationen zurückgeworfen worden.

LUTZ MIEHE

Der Aufstieg Brandenburg-Preußens zur Vormacht in Mitteldeutschland

Mit dem Ableben des magdeburgischen Administrators August von Sachsen am 14. Juni 1680 erhielt entsprechend den
Festlegungen des Westfälischen Friedens der brandenbur-

gische Kurfürst Friedrich Wilhelm das Erzstift Magdeburg als weltliches Herzogtum.[13] Das Magdeburger Domkapitel verlor sein wichtigstes Recht, das der Wahl des Erzbischofs oder Administrators. 1680 wurden dem Domkapitel mit der Gründung des landesherrlichen Konsistoriums auch die ihm bisher noch verbliebenen kirchlichen Rechte genommen.[14] Aus den Kämpfen zwischen Wettinern und Hohenzollern um die Vorherrschaft an der mittleren Elbe und unteren Saale waren die Hohenzollern als Sieger hervorgegangen. Das Magdeburgische und das Halberstädtische erhielten in veränderter Form – säkularisiert und im Provinzstatus – neue Aufgaben innerhalb eines aufstrebenden Staates, der zur Überwindung der Bevölkerungsverluste und Zerstörungen des langen Krieges und zum Ausbau seiner Macht zu einer intensiven Gewerbe-, Einwanderungs-, Kultur- und Militärpolitik überging.

Kursachsen hatte im Westfälischen Frieden lediglich seine Erwerbungen aus dem Prager Frieden von 1635 bestätigt erhalten: die Lausitz, dazu die vier vom Erzstift Magdeburg abgetretenen Städte Querfurt, Jüterbog, Dahme und Burg. Letzteres ging auf Betreiben des großen Kurfürsten 1687 gegen eine Entschädigung in brandenburgischen Besitz über. Mit dem Verlust des Erzbistums Magdeburg und dem Erwerb der Lausitz verschob sich das territoriale Schwergewicht und die außenpolitische Orientierung Kursachsens ostwärts. Die Wahl August des Starken (1694 - 1733) zum König von Polen leitete 1697 die neue Polen- und Großreichspolitik ein.

Der große Kurfürst setzte den auf reichsstädtischen Status gerichteten Selbständigkeitsbestrebungen der Magdeburger Bürgerschaft ein Ende. 1666 zwang er der Stadt, die in seinem weit auseinander gezogenen Staatsgebiet eine herausragende strategische Bedeutung hatte, eine brandenburgische Garnison auf. Dieser Vorgang ist ein Beispiel für die Rolle des im Aufbau befindlichen stehenden Heeres bei der Sicherung des Territorialbesitzes der Hohenzollern. Sie gingen als erste Dynastie im Elbe-Saale-Raum zur absolutistischen Herrschaftsform der Monarchie über und prägten ihr einen militärstaatlichen Grundzug auf. Der kurmärkische Landtagsrezeß vom 26. Juli 1653 regelte die Finanzierung des kurfürstlichen Hee-

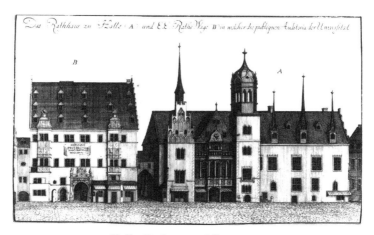

Halle, Rathaus und Ratswaage

res. Als Gegenleistung erhielt der grundbesitzende Adel die rechtliche Fixierung seiner privilegierten Stellung, also seines Vorrechts auf den Besitz von Rittergütern, seiner Herrenstellung im Gutsbezirk und seiner Steuer- und Zollfreiheit. Es entstand als Kernstück der neuen Staatsbürokratie eine Kommissariatsverwaltung, die die Eintreibung der Kontribution und der Akzise als Heeressteuern besorgte, aber zugleich durch Wirtschaftsförderung eine wachsende Steuerfähigkeit des Landes zu sichern bestrebt war. Mit diesen Einrichtungen gewann der Hohenzollernstaat einen bedeutenden Vorsprung vor seinen Nachbarn.

Die Steigerung der monarchischen Gewalt bedeutete eine, freilich noch begrenzte, Festigung der staatlichen Einheit. Ständischem Leben sind in Brandenburg-Preußen, wie das Beispiel der Altmark zeigt, und mehr noch in Kursachsen Betätigungsfelder geblieben. Auch nach dem Landtagsrezeß von 1653 fanden in der Kurmark ständische Beratungen statt.[15] Zum zentralen Forum ständischer Aktivitäten des Adels wurden die Versammlungen der kontrollierenden Großen Ausschüsse des ständischen Kreditwerkes. Das ständische Kreditwerk war eine Gründung des 16. Jahrhunderts, als Prälaten, Ritterschaft und Immediatstädte landesherrliche Schulden übernahmen und zu deren Tilgung selbständig Steuern erheben und verwalten konnten, das Biergeld in den Städten und auf dem platten Lande, den Schoß auf dem platten Lande und das Städtegeld. Zum 17köpfigen Großen Ausschuß der Biergeldkasse entsandten die Ritterschaft und die Städte der Altmark je 2 Vertreter. Zum 12köpfigen Großen Ausschuß der Schoßkasse stellte die altmärkische Ritterschaft 2 Vertreter. Das ständische Kreditwerk war darüber hinausgehend eine Interessenvertretung vor allem des Adels, aber auch der Städte. Die Stände sind in absolutistischer Zeit bei der Gesetzgebung zu Rate gezogen worden. Als lokale Vertretungskörperschaften des kurmärkischen Adels waren seit der zweiten Hälfte des 17. Jahrhunderts die schon im 16. Jahrhundert aufgekommenen Kreistage fest etabliert. Die Altmark bildete hierbei einen eigenen Kreis. Die Kreistage wählten die ritterschaftlichen Vertreter zu den Ausschüssen des Kreditwerks, setzten den Etat der Kreiskassen fest und behandelten alle die Rittergutsbesitzer interessierenden Angelegenheiten.

König Friedrich Wilhelm I. (1713 - 1740) verlegte zu größerer Vereinheitlichung der Verwaltung des Herzogtums Magdeburg im Jahre 1714 die Regierung, die Amtskammer und das Konsistorium von Halle nach Magdeburg, wo sich bereits die ständische Landschaft befand. Zugleich wurde die Mitwirkung ständischer Vertreter an der Steuerverwaltung beseitigt. Auch im Herzogtum Magdeburg haben weiterhin landständische Zusammenkünfte stattgefunden.

Inzwischen war Halle 1694 Universitätsstadt geworden, 1698 Sitz der im Aufbau befindlichen Franckischen Stiftungen. Unter dem Schutz des Hauses Brandenburg entstand in der Saalestadt ein Zentrum der Aufklärung und des Pietismus von internationalem Rang. Die Gründungsphase der Universität hatte mit der Übersiedlung des Leipziger Juristen und Philosophen Christian Thomasius nach Halle 1690 begonnen. Die Hochschule wurde als Staatsanstalt begründet, und sie war von vornherein Bestandteil des absolutistischen Staatswesens. Das Wirken des Thomasius für die Freiheit des Selbstdenkens, sein Kampf gegen Hexenverfolgungen und Folter im Gerichtsprozeß kennzeichnet den Anfang der Aufklärung in Deutschland. Der Hallische Pietismus war von August Hermann Francke, Pfarrer in der Vorstadt Glaucha und Universitätsprofessor, begründet und geprägt worden. Die von ihm vertretene realistische, aktive Richtung des protestantischen Pietismus verstand sich als eine religiössoziale Erneuerungsbewegung, die die Welt, ihre politischen und sozialen Verhältnisse, planmäßig verändern wollte. Seine Stiftungen, ein großer Komplex von Schulen und erwerbenden Anstalten wie Landwirtschaft, Buchhandlung, Druckerei, Verlag und Apotheke, waren als Ausgangspunkt einer Universalreform, die auf Erden ein Gottesreich verwirklichen wollte, gedacht. Der Hallische Pietismus ist unter König Friedrich Wilhelm I. stärker in die Interessensphäre des preußischen Staates einbezogen worden. So nahm er nachhaltigen Einfluß auf die sittlich-religiöse Erziehung der Soldaten und der Soldatenkinder, formte den Typus des pietistischen Feldpredigers und legte den Grund für das preußische Volksschulwesen.

Brandenburg-Preußen wurde nach dem Dreißigjährigen Krieg ein Einwanderungsland. Die Ankömmlinge erhielten für den

Aufbau einer Existenz steuerpolitische Vergünstigungen, Einquartierungsfreiheit, Bauunterstützungen, freies Bürgerrecht und Kultusfreiheit. Weniger günstig war die Lage der Juden, obwohl Kurfürst Friedrich Wilhelm eine Neuorientierung der Politik gegenüber den Juden begann. Für das Mittelalter war im Elbe-Saale-Raum eine wechselnde Lage der Juden charakteristisch, je nach Einflüssen von seiten der Ratsherren der Städte, des ländlichen Adels, der Bischöfe und Klöster. Der Große Kurfürst begann seine praktische, auf eine sichere Lage der Juden zielende Politik mit Halberstadt, wo bereits 1648 eine jüdische Gemeinde bestand. Sie war während des 17. und 18. Jahrhundert die bedeutendste im Harzgebiet, zeitweise auch die größte in der ganzen Hohenzollernmonarchie.[16] 1740 lebten hier 207 jüdische Familien. Die günstige Lage der Stadt zu den Hauptmessen Leipzig, Braunschweig und Frankfurt/Oder, zu den Handelsstädten Berlin, Magdeburg, Halle und Hannover kam der Handelstätigkeit der Juden sehr zustatten. Sie bedurften aber des kurfürstlichen Schutzes. Es war das Ziel der Zünfte und Gilden, die Juden aus Halberstadt zu vertreiben. 1660 und 1661 kam es zu je einem Überfall der Krämergilde auf ein Judenhaus und zur »Wegnahme vieler Stücke Zeug«. 1669 ließen die Landstände in Halberstadt die Synagoge zerstören.

Der Kurfürst gestattete vor allem aus fiskalischen Erwägungen die Einwanderung weniger, aber vermögender Juden in sein kapitalarmes Land. Die Abgaben der Juden waren eine Steuer- und Einnahmequelle, die dem Fürsten unmittelbar verfügbar war, frei von ständischer Einflußnahme. Auf die Vertreibung der Juden aus Österreich 1670/71 reagierte Friedrich Wilhelm mit dem Judenedikt vom 21. Mai 1671, das 50 Familien den Aufenthalt in der Mark Brandenburg gestattete.

Im Herzogtum Magdeburg konnte sich erst unter dem Nachfolger des Großen Kurfürsten, Friedrich III. (1688 - 1713), nach nahezu 200jähriger Verbannung wieder eine jüdische Gemeinde in Halle 1688 - 1692 konstituieren. Wichtige Impulse für ihr Wachstum sind von der jungen Universität, von der damit zusammenhängenden Zunahme des Handels- und Geldverkehrs, ausgegangen.

Mansfeld, Schloß

Die Einwanderung der französischen Protestanten (Hugenotten) begann nach der Aufhebung des Edikts von Nantes am 18. Oktober 1685, als ihnen die Gewissens- und örtlich beschränkte Kultfreiheit entzogen wurde. Die sich nun verschärfenden Verfolgungen veranlaßten sie, Zuflucht in Gebieten von Glaubensverwandten und sie tolerierenden Obrigkeiten zu suchen. Friedrich Wilhelm ließ sich bei der Anwerbung der Franzosen wie immer von ökonomischen und bevölkerungspolitischen Motiven leiten, diesmal trat das Motiv konfessioneller Solidarität mit seinen von der französischen Krone verfolgten Glaubensbrüdern hinzu. In bevölkerungspolitischer Hinsicht spielte die Frage des Ausgleichs der Verluste des Dreißigjährigen Krieges nur noch eine geringe Rolle, viel gravierender waren jetzt die Verluste der Pest von 1681/82, der letzten großen Pestepidemie in Mitteleuropa. Sie hatte zum Beispiel die Hälfte der Einwohnerschaft der Stadt Halle, 5000 bis 6000 Personen, hingerafft. Das kurfürstliche Einladungsedikt vom 8. November 1685 empfahl daher für die Niederlassung das Fürstentum Halberstadt, das Herzogtum Magdeburg und die Kurmark und nannte einige Städte, die von Krieg und Epidemie besonders schwer getroffen worden waren: Stendal, Werben, Magdeburg, Halle und Calbe. Größere französische Kolonien entstanden in Magdeburg und Halle. Die Magdeburgische erreichte Anfang der zwanziger Jahre des 18. Jahrhunderts mit 1 500 Personen ihren höchsten Stand. Die Kolonie in Halle zählte um 1700 etwa 700 Personen. Die viel kleineren Niederlassungen in Stendal, Halberstadt, Burg, Neuhaldensleben und Calbe kamen auf ein- bis zweihundert Mitglieder. Die Grundlagen der Kolonien waren der reformierte Kultus, die französische Sprache, die eigene Verwaltung und Jurisdiktion sowie materielle Vergünstigungen.

Der Pfälzische Erbfolgekrieg von 1688 bis 1697, der dritte der Raubkriege Ludwigs XIV. von Frankreich, führte zur Rekatholisierung der Pfalz. Französische und niederländische Glaubensflüchtlinge, die hier im älteren Frankenthal und etwas jüngeren Mannheim (1606 gegründet) seit dem 16. Jahrhundert eine zweite Heimat gefunden hatten, aber auch deutsche Reformierte mußten nun wieder zum Stab greifen. Pfälzer Kolonien entstanden in Magdeburg und Halle, kleinere in

Calbe, Burg und Stendal. Die gewerblichen Aktivitäten der Einwanderer führten in Magdeburg zum Entstehen einer überlokal bedeutsamen Textilbranche.

In Halle traten neben die traditionellen Gewerbe der Salzsiederei, der Stärkefabrikation und der Brauerei typische Hugenottengewerbe: die Woll- und Seidenwirkerei, die Glacehandschuhfabrikation und die Herstellung von »feinen« Hüten. Obwohl dem feineren französischen Tuchgewerbe mangels Kaufkraft der einheimischen Bevölkerung kein dauerhafter Erfolg beschieden war, hielt sich der textilgewerbliche Charakter der Stadt bis in die ersten Jahrzehnte des 19. Jahrhunderts. Die wirtschaftliche Rolle der französischen Kolonien in den Kleinstädten des Herzogtums Magdeburg, Neuhaldensleben, Calbe und Burg, beruhte auf dem Handwerk (Textilien, Leder), Tabakanbau, Gemüseanbau(Erbsen, Bohnen) und der Bebauung wüster Hofstätten.[17]

Mit der preußischen Einwanderungs- und Kirchenpolitik faßte das Reformiertentum auch außerhalb Anhalts in den brandenburgischen Neuerwerbungen von 1648/80 Fuß.[18] Die nunmehr entstehenden französisch- und deutschreformierten Gemeinden lebten als kirchliche Minderheit in lutherischen Landen.

Die reichsrechtliche Gleichstellung des reformierten Bekenntnisses mit der Augsburgischen Konfession, die Friedrich Wilhelm im Westfälischen Frieden durchgesetzt hatte, erleichterte wesentlich die Gründung reformierter Gemeinden in den brandenburgischen Gebieten. Deutschreformierte Gemeinden entstanden mit der Zuwanderung Auswärtiger, hauptsächlich brandenburgischer Beamten und anhaltischer Übersiedler, in Halberstadt 1664, Magdeburg 1681, Jerichow 1685, Halle 1688.

Im Anhaltischen hielt der politische Niedergang der Landstände nach dem Dreißigjährigen Krieg an. Sie übernahmen auf dem Landtag von 1652 die fürstlichen Schulden in Höhe von 500 000 Talern als allgemeine Landesschulden, jedoch tat ihrer staatspolitischen Stellung das Aussterben adliger Familien und das Auskaufen verschuldeten Adels durch die Landesherrschaft Eintrag. Mit der Errichtung einer großen stehenden Armee in Preußen tat sich anhaltischen Fürsten und Prinzen ein neues Tätigkeitsfeld auf. 1658 trat der Dessauer Johann Georg II. (1660 - 1693) als General und als Stadthalter in der Kurmark in hohenzollersche Dienste. Seine Heirat mit Henriette Katharina von Nassau-Oranien, Schwester der brandenburgischen Kurfürstin Luise Henriette, knüpfte ein weiteres Band zwischen den reformierten Höfen in Dessau und Berlin. Anhalt-Dessau öffnete sich den geistigen, künstlerischen und landeskulturellen Einflüssen der in ihrem »Goldenen Zeitalter« stehenden Niederlande. Nach niederländischem und preußischem Beispiel förderte man Kolonisation, Deichbau und Ökonomie. Daran erinnert noch heute der Ortsname Oranienbaum südöstlich von Dessau auf der Stelle des wüst gewordenen Dorfes Nischwitz. Seit 1683 ließ hier Johann Georg II. für seine Gemahlin das Schloß Oranienbaum in den Formen des niederländischen Barock errichten, das anhaltische Gegenstück zum kurbrandenburgischen Oranienburg. Auch seine Politik gegenüber den Juden orientierte sich an Brandenburg: 1672 hielten Juden Einzug in die Residenzstadt Dessau.

Sein Nachfolger Leopold I. (der »alte Dessauer«, 1693-1747) trug in hoher Stellung, als Generalfeldmarschall sowie Vertrauter und Berater König Friedrich Wilhelms I., dazu bei, die Schlagkraft der preußischen Armee zu erhöhen. Als Gouverneur in Magdeburg baute er die Stadt zur größten preußischen Festung aus.
    Unter ihm entwickelte sich der anhalt-dessauische Absolutismus in einer Sonderform. In Fortsetzung einer bereits von seinen Vorgängern betriebenen Bodenpolitik kaufte Leopold die Güter des meist hochverschuldeten eingesessenen Adels auf; die Adelsklasse wurde hier ausgelöscht. Im Zusammenhang mit der Gründung von Vorwerken und Dörfern, beispielsweise Alten und Kochstedt, ließ der Fürst umfangreiche Arbeiten zur Landeskultivation durchführen. Der von ihm 1707/08 angelegte Kapengraben entwässert die ganze Elbe-Mulde-Niederung östlich von Dessau.[19]

Während sich in Preußen der Aufbau eines recht straff zentralisierten Staates vollzog, setzten die Wettiner ihre Politik der

Landesteilungen sogar noch im 17. Jahrhundert fort. Die Entstehung der sächsischen Nebenlinien oder Sekundogeniturfürstentümer hängt mit einer Verfügung des sächsischen Kurfürsten Johann Georgs I. (1611-1656) zusammen. In seinem Testament vom 20. Juli 1652 traf er Vorsorge für die finanzielle Sicherung seiner 3 jüngeren Söhne, die ebenfalls auf kleinster territorialstaatlicher Basis fürstliche Würde repräsentieren sollten. So entstanden nach seinem Tode bis zum 1. Mai 1657 die Herzogtümer Sachsen-Weißenfels, Sachsen-Merseburg und Sachsen-Zeitz für die Söhne August, den Administrator des Erzstifts Magdeburg, Christian und Moritz. Die von ihnen begründeten drei Linien haben nur wenige Generationen bestanden: Zeitz bis 1718, Merseburg bis 1738 und Weißenfels bis 1746. An der Spitze der Zeitzer Regierung stand von 1666 bis 1681 als Kanzler Veit Ludwig von Säckendorff. Er ist der Autor des berühmten »Teutschen Fürstenstaates« (1656), worin Lehren für eine breitgefächerte Territorialstaatspolitik im Sinne des wohlgeordneten «Policey«staates erteilt werden.

Unter den neuen territorialabsolutistischen Verhältnissen spielten die Residenzstädte eine größere Rolle als kulturell-höfische Zentren. Die Kunst, insbesondere die Architektur, die Gartenkunst, die Oper und das Theater verliehen der fürstlichen Machtfülle Ausdruck. Selbst Duodez-Fürsten leisteten sich große Schloßbauten mit aufwendigen Hofhaltungen im Dienste barocker Herrschaftskultur. Der magdeburgische Administrator, Herzog August, gestaltete um die Mitte des 17. Jahrhunderts Halle in wenigen Jahren zu einer Stätte aufwendiger Hofkultur, zu einem Musenhof um. Nach dem Vorbild der Dresdener Stammresidenz legte er viel Wert auf eine qualitätvolle Pflege von Musik und Theater. Im Mittelpunkt seines Interesses stand die deutsche Hofoper. Als Oberhaupt der Fruchtbringenden Gesellschaft seit 1667 vermittelte er zahlreiche literarische und kulturelle Beziehungen. Mit seinem Tod endete 1680 diese wichtigste deutsche kulturpolitische Organisation des 17. Jahrhunderts. Obwohl sie ihre tonangebende Rolle im geistigen Leben längst eingebüßt hatte, strahlte sie noch in ihrer Spätzeit bis nach Ostpreußen, Schlesien, Österreich und Süddeutschland aus. August hatte nach der sächsischen Landesteilung von 1656/57 seine Residenz in Halle beibehalten, doch errichtete er vorsorglich im Blick auf den künftigen Übergang Magdeburgs und Halles an Preußen für seinen Sohn Johann Adolf, der dereinst in Weißenfels regieren sollte, das nach ihm selbst benannte stattliche Residenzschloß Neu-Augustusburg 1660 - 1694 als künftigen Sitz der von ihm gestifteten albertinischen Seitenlinie. Das nach Plänen von Johann Moritz Richter aufgeführte Bauwerk bedeutete den Gipfel im Lebenswerk dieses kurfürstlich-sächsischen Landesbaumeisters. 1664 wurde im Zuge der Ausgestaltung der künftigen Residenz das »Gymnasium illustre Augusteum« als höhere Schule für Sachsen-Weißenfels eröffnet.

Am neuen weltoffenen Weißenfelser Hof, der kulturell aktivsten sächsischen Nebenlinie, wirkte der Österreicher Johann Beer als Konzertmeister und Bibliothekar. Erst das 20. Jahrhundert entriß diesen vielseitigen Künstler der Vergessenheit. Heute gilt der volkstümliche Romancier, der Grimmelshausen zu seinem Vorbild wählte, als einer der bedeutendsten Erzähler des 17. Jahrhunderts. Sein Werk bezeugt eine genaue Kenntnis der Lebensverhältnisse der Bauern und Bürger, des Adels und der Fürsten. Weithin bekannt waren die Leistungen der herzoglichen Kapelle. Künstlerische Beziehungen verbanden Weißenfels mit den anderen sächsischen Residenzen Dresden, Merseburg und Zeitz, aber auch mit der städtebürgerlichen Kultur Leipzigs, Halles und Naumburgs. Der Weißenfelser Hofkapellmeister Johann Philipp Krieger gehörte zu den führenden deutschen Komponisten seiner Zeit. Am Weißenfelser Hoftheater trat Karoline Neuber im Jahre 1717 ihre Laufbahn als Schauspielerin und reformfreudige Theaterleiterin an.

Der erste Herzog von Sachsen-Zeitz, Moritz, ließ an der Stelle der im Dreißigjährigen Krieg zerstörten Bischofsresidenz die nach ihm benannte Moritzburg 1657 - 1678 erbauen. Die Hofkapelle richtete ihm Heinrich Schütz, der bedeutendste deutsche Tondichter des 17. Jahrhunderts, ein. Schütz hatte 1651 in Weißenfels, wo er seine Jugendjahre verbracht hatte, einen Alterssitz erworben, um sich dem Komponieren und der Herausgabe seiner gesammelten Werke widmen zu können.

ENCHIRIDION:
Der Kleine Catechismus/
für die Gemein/Pfarherr vnd Prediger.

D. Martin. Luther.

M. D. LXXII.

Martin Luther, Der kleine Katechismus

Der Begründer der Merseburger Herzogslinie, Christian I., baute das ehemalige Bischofsschloß zu einer repräsentativen weltlichen Residenz aus. Die höfische Spielart des Merseburger Barocks wurde vor allem von der Künstlerfamilie Hoppenhaupt als »Fürstlich-Sächsische Landbaumeister und Hofbildhauer« geschaffen. Sie wirkte auch in Kursachsen und Anhalt. Bei der städtebürgerlichen Ausprägung des Barocks tat sich die Bildhauerfamilie Trothe hervor, zu deren Werken der Umbau des Merseburger Rathauses und Friedhofskunst gehören.

Zu Beginn des 18. Jahrhunderts wurden zwei der anhaltischen Residenzen von der bedeutend wachsenden Musikkultur berührt. Emanuel Leberecht von Anhalt-Köthen gründete 1702 die Köthener Hofmusik. Unter seinem kunstsinnigen Nachfolger Leopold wirkte Johann Sebastian Bach als Hofkapellmeister von 1717 bis zum Antritt des Leipziger Thomaskantorats 1723. Er entstammte einer thüringischen Musikerfamilie. Für ihn bedeutete die Berufung nach Köthen einen sozialen Aufstieg, sie band ihn aber zugleich an ein konfessionell reformiertes Fürstenhaus, dem nur wenig an Kirchenmusik liegen konnte. Bachs Schaffen verlagerte sich daher vorübergehend von Kirchenkantaten und Orgelwerken zur Kammer- und Orchestermusik, wie sie die höfische Musikpflege brauchte. Damals sind die Brandenburgischen Konzerte entstanden. Den Kern der hervorragenden Köthener Hofkapelle bildeten Berliner Musiker, die nach dem Thronwechsel in Preußen, wo der Soldatenkönig Friedrich Wilhelm I. 1713 sein musenfeindliches Regiment angetreten hatte, nach Köthen verpflichtet worden waren. Bach und der von ihm geschätzte Zerbster Hofkapellmeister Johann Friedrich Fasch begründeten eine bedeutende anhaltische Musikkultur. Fasch war durch seine Instrumentalwerke einer der Wegbereiter der musikalischen Klassik.

Neben Bach zählen Georg Friedrich Händel aus Halle und Georg Philipp Telemann aus Magdeburg zu den führenden musikalischen Repräsentanten der ersten Hälfte des 18. Jahrhunderts. Händel bildete sich in der volksmusikalisch und pädagogisch ausgerichteten Musiktradition seiner Vaterstadt, dann wandte er sich zu den damaligen musikalischen Zentren Europas, in die aufstrebende Handels- und Opernstadt Hamburg, nach Italien und schließlich nach England, wo der Meister mit seinen, den Idealen der Freiheit, der Gerechtigkeit und des Friedens verpflichteten Tonkunst und als Schöpfer plastischer, reicher Melodik sowie durch sein Opern- und Oratorienschaffen Weltruhm erlangte. Telemann blieb als städtischer Musikdirektor in Hamburg, seiner endgültigen Wirkungsstätte, eng mit dem reichen Bildungs- und Kulturleben seiner Vaterstadt verbunden. Dieser Wegbereiter der Klassik trug mit seiner heiteren Tonsprache wesentlich zu einem neuen, emotionell vertieften, persönlichen Ausdrucksstil bei.

Bei der Pflege städtebürgerlicher Musikkultur tat sich die Handelsmetropole Magdeburg hervor, wo der Komponist und Musikdirektor Johann Heinrich Rolle 1764 öffentliche Subskriptionskonzerte – regelmäßige Konzerte für jedermann einführte. Konzerte, besonders Liebhaberkonzerte, dehnten sich seit 1770 auf Mittel- und Kleinstädte aus. Quedlinburg gründete bereits 1757 ein Liebhaberkonzert.

Wachsende Kommunikationsbedürfnisse verlangten nach einem schnelleren, sicheren Waren-, Nachrichten- und Personenverkehr. Für mächtige Reichsstände wie Kurbrandenburg und Kursachsen waren eigene Territorialposten Ausdruck der im Westfälischen Frieden festgeschriebenen Landeshoheit. Das kaiserliche Postreservatrecht zurückweisend, begründete Kurfürst Friedrich Wilhelm um die Mitte des 17. Jahrhunderts die brandenburgisch-preußische Staatspost mit Berlin als Mittelpunkt. Sie gewann über das Kommerzielle und Kulturelle hinaus besondere Bedeutung für die Verbindung des zerstreuten hohenzollerischen Staatsgebietes. Der im Jahre 1649 angelegte Hauptpostkurs Memel-Kleve führte über Berlin, Magdeburg und Halberstadt. Mit Erlaubnis der kursächsischen Regierung eröffnete Friedrich Wilhelm seit 1658 eigene Poststationen in Wittenberg, Merseburg, Naumburg und Leipzig, dem Mittelpunkt des entstehenden sächsischen Postwesens. Im Erzstift Magdeburg schufen private Unternehmer in den siebziger Jahren ein Netz von Postkursen, dessen Mittelpunkt die Residenzstadt Halle war. Nach 1680 führte hier Friedrich

Wilhelm die preußische Staatspost ein. Kursachsen konnte jedoch in der Folgezeit seine gefährdete postpolitische Selbständigkeit gegenüber Brandenburg-Preußen behaupten. Beide Staaten regelten 1699 nach längeren Auseinandersetzungen als gleichberechtigte Partner den gemeinsamen Betrieb der Kurse Leipzig-Halle-Köthen-Magdeburg, Leipzig-Halle-Halberstadt, Leipzig-Wittenberg-Berlin, Wittenberg-Zerbst-Magdeburg, Halle-Merseburg-Weißenfels-Naumburg-Jena. Sachsen hatte fortan innerhalb seiner Grenzen keine preußischen Poststationen mehr. Die Herzogtümer Sachsen-Merseburg, Sachsen-Weißenfels und Sachsen-Zeitz wurden an das kursächsische Postwesen angeschlossen. Im Jahre 1712 wurde das bisher verpachtete sächsiche Postwesen in staatliche Verwaltung übernommen. Zur Berechnung der Tarife und Fahrpläne wurden die Poststraßen ausgemessen und steinerne Postsäulen aufgestellt, die, im barocken Kunststil gearbeitet, die Wege und Entfernungen bezeichneten.

Der anhaltische Postverkehr stand anfangs unter dem Einfluß Preußens und Kursachsens. Ein preußisches Postamt ist in Dessau 1662 erstmals erwähnt. Hier kreuzten sich die Linien Leipzig-Zerbst, Halle-Berlin und Leipzig-Berlin. In Köthen ist eine Post zuerst 1665 nachweisbar, in Bernburg 1684 und in Zerbst 1691. Preußen übernahm 1715 die alleinige Verwaltung des anhaltischen Postverkehrs.

Nach 1648 dehnte sich der innere und äußere Markt für gewerbliche und agrarische Erzeugnisse weiter aus. Die Leipziger Messe erlangte, alle anderen Reichsmessen überflügelnd, europäische Geltung und wurde der wichtigste Umschlagplatz für den Handel zwischen Ost- und Westeuropa. Ihr Aufstieg beeinträchtigte die Handelsstädte Magdeburg, Erfurt und Naumburg, doch bot Leipzig andererseits gerade Produzenten aus dem näheren Umland einen bequemen Einstieg in den Fernhandel, so den Zeitzer Lohgerbern und den Weißenfelser Schuhmachern. Naumburg zählte trotzdem auch noch im 18. Jahrhundert zu den wichtigsten deutschen Messestädten und vermittelte wie die Messen in Leipzig und Frankfurt/Oder den Handel mit Polen, Rußland und Skandinavien. Es erhöhte sich die Zahl der Jahr- und Viehmärkte seit der zweiten

WITTENBVRGA
Saxoniæ oppidum, Vniuerfalis litterariū ſtudio celebre.

Wittenberg nach 1558

Hälfte des 17. Jahrhunderts. Bauern erhielten so mehr Gelegenheit, ihre Überschüsse feil zu bieten, was sie zu verbesserter Wirtschaftsführung anregte. Größere Märkte vermittelten den Handel auch zwischen entfernteren Orten. Köthen hatte um 1700 bereits fünf Jahrmärkte, die von Tuchmachern aus Zerbst, Strumpfwirkern aus Halle, Kuchenbäckern und Gewürzkrämern aus Löbejün und Spitzenhändlern aus Leipzig besucht wurden; Magdeburg lieferte Stockfisch und Heringe.

HEINZ KATHE

Der aufgeklärte Absolutismus. Friedrich II. von Preußen und Leopold III. Friedrich Franz von Anhalt-Dessau

Die Aufklärungsbewegung organisierte sich in vielfältigen Formen zur Selbstverständigung und für gesellschaftliches Wirken. Zu den frühen Assoziationstypen zählten die deutschen Gesellschaften. Sie förderten namentlich von Mitteldeutschland aus die Herausbildung einer relativ einheitlichen Schriftsprache und der Nationalliteratur. Der Leipziger Gelehrte und Schriftsteller Johann Christoph Gottsched rief 1727 die häufig nachgeahmte »Deutsche Gesellschaft« zur Pflege der deutschen Sprache und Dichtung ins Leben. Dieser Aufgabe widmete sich auch die erste Hallische Dichterschule, ein 1733 gegründeter Literatenverein von überregionaler Bedeutung. Seine hervorragendsten Mitglieder, Immanuel Jakob Pyra und Samuel Gottholdt Lange übten nach antiken und englischen Vorbildern reimlose Poesie, die später von der deutschen Klassik zur Vollendung geführt wurde. Weitere Zirkel nach Gottschedschem Muster entstanden in Nordhausen 1728, Halle 1738, Wittenberg 1738 und 1756 sowie Weißenfels 1740. Die »Fürstlich-Anhaltische Deutsche Gesellschaft« in Bernburg (1760) knüpfte bewußt an die Bestrebungen der einstigen Fruchtbringenden Gesellschaft an. Die Magdeburger Mittwochsgesellschaft (1761) machte die Öffentlichkeit mit aufklärerischem Schrifttum bekannt und unterstützte begabte Literaten. Sie hielt dabei enge Verbindung zu führenden Vertretern der deutschen Literatur, so mit dem Dichter Friedrich Gottlieb Klopstock aus Quedlinburg und dem Berliner Schriftsteller und Verleger Friedrich Nicolai. Die literarische Bedeutung Halberstadts begründete der Domsekretär Johann Wilhelm Ludwig Gleim durch seine damals vielbeachtete Anakreontik, die unermüdliche Förderung junger Dichter und persönliche Verbindungen zu zahlreichen namhaften Schriftstellern.

Die neugegründeten naturwissenschaftlichen und ökonomischen Gesellschaften verknüpften bewußt theoretische Reflexion und praktisches Wirken. Sie verbreiteten wissenschaftliche und technologische Erkenntnisse, führten zuweilen selbst regional angelegte Untersuchungen durch und ließen es sich angelegen sein, die Produzenten zu einem sachlich-rationalen Wirtschaftsverhalten zu erziehen. Die hallische »Naturforschende Gesellschaft« (1779) vereinigte Fachgelehrte der Universität und Freunde der Naturkunde zu gemeinsamen Studien, unter anderem zu Forschungen über die Braunkohlenlager im Mansfeldischen und im Saalkreis. Die Leipziger »Kurfürstlich-Sächsische ökonomische Sozietät« (1764 gegründet) förderte über die Tätigkeit ihrer weitverstreuten Mitglieder und von ihr herausgegebene Schriften die wirtschaftliche Entwicklung bis hin zur Saale-Unstrut-Region. Eine geringere Ausstrahlung erlangte die 1772 gegründete Magdeburger »Ökonomische Gesellschaft«, die sich in ihren Publikationen speziell für die Aufhebung der Gemeinheiten und die Verbesserung der landwirtschaftlichen Produktionsmethoden einsetzten.

Die Freimaurerei, eine weltbürgerliche Bewegung mit dem humanitären Ideal des nach Vervollkommnung strebenden Menschen, kam 1737 von England nach Deutschland. Als erste deutsche Loge entstand 1737 die Loge Absalom in Hamburg. Freimaurerlogen bildeten sich in den Universitätsstädten Halle 1743 und Wittenberg 1744, in dem administrativen Zentrum Halberstadt 1746, dann auch in Naumburg 1749, Magdeburg 1761, Aschersleben 1762, Querfurt 1773, Stendal 1775, Salzwedel 1782, Zerbst 1783, Weißenfels 1785, Allstedt 1801 und Merseburg 1805 usw.

Aufgeklärter Absolutismus ist eine Form des monarchischen Absolutismus, die durch die Aufklärung modifiziert ist. Der Herrscher orientiert sich an Ideen und Forderungen der Aufklärung, am allgemeinen Besten (salus publica), an der Vernunft. Er fühlt sich als erster Diener seines Staates. Diese Phase des absoluten Fürstenstaates durchliefen Großstaaten wie Preußen unter Friedrich II. und Rußland unter Katharina II., aber auch kleinere Reichsterritorien wie Anhalt-Dessau und Sachsen-Weimar.

Katharina II. wurde 1729 als eine Tochter des Fürsten Christian August von Anhalt-Zerbst geboren. 1745 vermählte sie sich, damals noch Prinzessin Sophie Auguste Friederike, mit dem russischen Thronfolger Peter. Seit 1762 war sie als Zarin Alleinherrscherin. Die Bautätigkeit des Zerbster Fürstenhauses wurde durch diese bedeutende dynastische Erhöhung aktiviert. Der Baumeister Georg Wenceslaus von Knobelsdorff vollendete 1750 das Zerbster Schloß, eine 1681 begonnene Dreiflügelanlage in holländischen Formen nach einem Entwurf von Ryckwaert. In Dornburg an der Elbe entstand seit 1751 die schönste barocke Schloßanlage Anhalts für die auf Repräsentation bedachte Fürstin Johanna Elisabeth, die Mutter Katharinas II.

Die zentrale Herrschergestalt in Mitteleuropa war damals Friedrich II. von Preußen. Er bestieg am 31. Mai 1740 den Thron. Zu seinen ersten Maßnahmen gehörte die Rückberufung des hallischen Aufklärer-Philosophen Christian Wolff, den Friedrichs Vater, der Soldatenkönig, 1723 ins Ausland vertrieben hatte. Die Rückberufung entsprach dem Bestreben des neuen Monarchen, große Gelehrte, die Elite des europäischen Geisteslebens, nach Preußen zu holen. Im Rechtswesen wurde die Tortur (Folter) abgeschafft. Das entsprach einer Forderung der Aufklärung, wie sie vor allem der hallische Gelehrte Christian Thomasius begründet und vertreten hatte.

Nach seinem Regierungsantritt vergrößerte Friedrich II. im Sinne seiner aktiven Großmachtpolitik sogleich die Armee und fiel noch im Jahr 1740 in das unter österreichischer Herrschaft stehende Schlesien ein. Die Eroberung Schlesiens er-

Wittenberg, Schloßkirche, Chor von Südosten

hob Preußen zu einer europäischen Großmacht und schuf den österreichisch-preußischen Dualismus. Zeit seines Lebens betrachtete Friedrich II. auch die Einverleibung des wirtschaftlich erfolgreichen Sachsens als erstrebenswertes Ziel. Davon konnte er eine beträchtliche Erweiterung der preußischen Grenzen erwarten, und der Hauptstadt Berlin wurde größerer Schutz verschafft. In seinem Politischen Testament von 1752 formulierte er seine Gedanken, wie dieser Plan am besten durchzuführen sei. Eine günstige Gelegenheit dafür sah er in dem Fall, daß sich Sachsen im Bündnis mit Österreich und Österreich sich mit Preußen im Krieg befand. Dann sollte die preußische Armee von Westen (Halle), Norden und Osten her in Sachsen eindringen und so eine Operations- und Versorgungsbasis gewinnen. Im Laufe der weiteren Kampfhandlungen sollte das preußische Heer Böhmen erobern, das Friedrich bei Friedensschluß gegen Sachsen austauschen zu können hoffte.

Wenige Jahre nach Abfassung dieses Testaments fiel das preußische Heer in Stärke von 61 000 Mann am 29. August 1756 ohne Kriegserklärung in Sachsen ein, um den Absichten einer von Österreich und Frankreich geführten Koalition zuvorzukommen. Österreich wollte insbesondere Schlesien zurückgewinnen, Preußen sollte wieder verkleinert werden und seinen Großmachtstatus verlieren. Friedrich schloß die sächsische Armee im Lager von Pirna ein und zwang sie zur Kapitulation. Er nahm Sachsen als ein erobertes Land in Verwaltung und beutete es für die materielle und finanzielle Absicherung seiner Kriegführung rücksichtslos aus. Der Siebenjährige Krieg 1756 - 1763 führte in Sachsen zu schweren Zerstörungen. Die preußisch besetzte Festung Wittenberg wurde im Oktober 1760 von Reichstruppen belagert und im Bombardement vom 13. Oktober ging ein Drittel der Häuser in Flammen auf. Die reformationsgeschichtlich denkwürdige Schloßkirche wurde eine Ruine.

Anhalt war bei seiner eingekeilten Lage, militärischen Schwäche und traditionellen Bindung an Preußen nicht zu geachteter Neutralität fähig. Friedrich II. stand im Kampf gegen die Großmächte Frankreich, Österreich und Rußland, gegen Schweden und die meisten Reichsstände. In seiner prekären

Lage sah sich Friedrich auch Anhalt gegenüber gezwungen, alle ihm zugänglichen Ressourcen des Landes für seine Kriegführung zu nutzen. Seinen Forderungen nach Rekruten, Geld und Lebensmitteln verlieh er mit Androhung schärfster militärischer Exekution Nachdruck. Dieses Vorgehen war zugleich eine Repressalie, deren Anlaß darin bestand, daß Fürst Leopold III. Friedrich Franz von Anhalt-Dessau im Oktober 1757 aus der preußischen Armee ausgetreten war. Der darüber erzürnte König betrachtete das neutrale Anhalt als Feindstaat und belegte es mit schweren Kontributionen.

Innerhalb der preußischen Staatsgrenzen blieb die Altmark von unmittelbaren Kampfhandlungen fast unberührt, wenn auch ihre Bevölkerung wie die der anderen Landesteile blutige Opfer auf fernen Schlachtfeldern erbringen und zur Versorgung der königlichen Truppen beitragen mußte. Auch die Provinz Magdeburg litt unter den Kampfhandlungen unmittelbar wenig, aber die Not des Krieges führte zu einem empfindlichen Bevölkerungsrückgang. Wegen der feindlichen Blockade der Ostsee konnte Preußen seinen Außenhandel nur über Magdeburg und Hamburg abwickeln. Damals erreichte Magdeburgs Kornhandel seinen höchsten Stand im 18. Jahrhundert. Auf sächsischem Gebiet ist Naumburg ein Beispiel für einen solchen kriegsbedingten örtlichen Aufschwung.

Das Fürstentum Halberstadt und das südharzische Preußen waren wiederholt durch französische und österreichische Truppen sowie durch die Reichsarmee besetzt. Der preußische Sieg bei Roßbach am 5. November 1757 führte nur zu einem vorübergehenden Rückzug der fremden Heeresmassen.

In dieser Schlacht zersprengte Friedrich II. einen zahlenmäßig fast doppelt so starken Gegner – eine französische Armee und deren Nebenkräfte, Truppen der Reichsarmee und Österreichs – mit ganz geringen eigenen Verlusten. Die Mißstände im französischen Heerwesen waren ein Symptom des beginnenden Verfalls des bourbonischen Absolutismus. Daher konnte später Napoleon den Ausspruch tun, daß am Tage der Schlacht bei Roßbach die Französische Revolution begonnen habe. Der Sieg über eine Armee, die seit dem Dreißigjährigen Krieg wiederholt deutsches Gebiet heimgesucht hatte, löste bei vielen Deutschen Begeisterung aus.

Der Hubertusburger Frieden vom 15. Februar 1763 beendete den Krieg und stellte den territorialen Stand von 1756 wieder her. Der seit König Friedrich Wilhelm I. geführte preußisch-sächsische Handelskrieg lebte wieder auf, weil Friedrich II. im Interesse seiner Großmachtpolitik an merkantilistischen Grundsätzen festhielt. Über die von ihm 1765 eingeführten Handelsbeschränkungen führten die Tuchmacher von Calbe und die Wollfabrikanten von Halberstadt Klage, denn ihre Erzeugnisse waren zu einem großen Teil in Sachsen abgesetzt worden.[20] Es sei hier vorausgeschickt, daß auch Friedrichs Nachfolger, Friedrich Wilhelm II., der 1786 den Thron bestieg, Magdeburg und Halberstadt die Einführung des freien Handels versagte.[21] Die aufkommende aufgeklärte wirtschaftspolitische Lehrmeinung, der Physiokratismus, forderte jedoch die Einführung der freien Konkurrenz.

In Kursachsen begann nach dem Siebenjährigen Krieg der wirtschaftlich-landeskulturelle Wiederaufbau und die Reorganisation des Staates, das sogenannte Retablissement. Nach der politischen und militärischen Katastrophe des Krieges bestimmten rational-aufklärerische Grundsätze der nachaugusteischen Epoche die Regierungspraxis. Reformfreundliche Persönlichkeiten wie Thomas von Fritsch, ein geadelter Jurist, gelangten in höhere Staatsämter. Beeinflußt von der physiokratischen Lehre, förderten sie die Wiederherstellung der Landwirtschaft und hoben 1768 das Schutzzollsystem auf. Manufakturen und Bildungseinrichtungen wurden gouvermentale Unterstützung zuteil. Während der Blütezeit des sächsischen Manufakturwesens von 1763 bis 1790 kam es auch im Westen Sachsens zu zahlreichen Betriebsgründungen. So entstanden eine Samt- und Seidenmanufaktur (vor 1765) und eine Tapetenmanufaktur (1768 erwähnt) in Weißenfels, eine Zeugmanufaktur (1782 privilegiert) in Zeitz, eine Wollmanufaktur (vor 1785) in Burgscheidungen, eine Wollstrumpfmanufaktur (1786 erwähnt) in Naumburg, ein Spiegelgußwerk (vor 1789) in Lauchstädt und eine Kattundruckerei (1790) in Querfurt.[22] Die Wittenberger Universität erlebte einen Wiederaufstieg, die orthodoxe Theologie büßte nun auch hier ihre Vorherrschaft ein. Wittenberger Spätaufklärer übten um 1800 überregionale Wirkung aus. Das Angebot an weltlichen Lehrdisziplinen erweiterte sich mit der Errichtung von Professuren für Staatswissenschaften 1785, Botanik und Naturgeschichte 1803 und Historische Hilfswissenschaften 1811.

Die Entwicklung der agraren Produktivkräfte seit der Mitte des 18. Jahrhunderts führte zu tiefgreifenden Veränderungen nicht nur im Bereich der Anbautechnik und der Anbausysteme, sondern auch der sozialen und institutionellen Strukturen. Die überlieferten Besitz- und Abhängigkeitsverhältnisse in der Landwirtschaft machten sich hemmend fühlbar. Die Gemengelage der Grundstücke und der sich damit verbindende Flurzwang erschwerten oder verhinderten ebenso wie die herrschaftlichen Trift- und Hütungsrechte an Bauernfeldern die Einführung intensiverer Anbaumethoden. Reformimpulse gingen von Vertretern aller sozialen Hauptkräfte auf dem Lande und von der Staatsspitze aus. Außerdem übten bäuerliche Abwehrkämpfe gegen Versuche von Grundherren, im Zuge der Preiskonjunktur des 18. Jahrhunderts ihren Anteil am bäuerlichen Ertrag zu steigern, einen gewissen Reformdruck aus. Die bedeutenden Fortschritte der agraren Produktivkräfte in der zweiten Hälfte des 18. Jahrhunderts knüpften sich an den Übergang von der traditionellen Dreifelderwirtschaft mit reiner Brache zur verbesserten Dreifelderwirtschaft mit wenigstens teilweise bebauter Brache. Auf das Brachfeld kamen in wachsenden Umfang Futterpflanzen und Hackfrüchte. Die Einführung der ganzjährigen Stallfütterung hatte eine größere Düngerproduktion zur Folge. Es begannen die Separationen, indem zuerst die Güter aus der Gemengelage der Äkker gelöst wurden. An diesen Fortschritten hatten neben kapitalkräftigen bürgerlichen Pächtern – in Norddeutschland hatte die Verpachtung größerer Güter Ende des 17. Jahrhunderts begonnen, zuerst bei den Domänen, dann auch bei den Rittergütern, – adligen Grundherren und aufgeklärten oder pietistisch beeinflußten Absolutisten wie Friedrich II. von Preußen, Leopold III. Friedrich Franz von Anhalt-Dessau (1751 - 1817), Graf Christian Ernst von Stolberg-Wernigerode (1714 - 1771) und Fürst Karl Georg Leberecht von Anhalt-Köthen (1755 - 1789) auch Bauern und sogar städtische Ackerbürger

Anteil. Letztere gehörten im Dessauischen zu den Pionieren des Kleebaues und der Tabakkultur. Unter Christian Ernst entwickelte sich die Grafschaft Wernigerode zu einem wichtigen Stützpunkt des kirchlichen Pietismus. Zugleich sah sich der Graf unter preußischem Druck gezwungen, am 19. April 1714 einen Rezeß mit der preußischen Krone zu unterzeichnen. Damit endete die volle Landeshoheit des gräflichen Hauses, und die Mediatisierung durch Brandenburg wurde eingeleitet.

Der Rittergutsbesitzer Johann Christian Schubart demonstrierte auf seinen Gütern bei Zeitz die vorteilhafte neue Wirtschaftsweise. Er schaffte den Flurzwang und die Hut- und Triftgerechtigkeit ab, führte die verbesserte Dreifelderwirtschaft ein. Die Brache wurde mit Klee, Krapp und Tabak besömmert. Seine praktischen Erfolge und seine Publikationen, in denen er sich auch für ein menschenwürdiges Dasein der Bauern einsetzte, trugen maßgeblich dazu bei, den Kleebau in der mitteleuropäischen Landwirtschaft zu verbreiten und ihn in die allgemeine Fruchtfolge einzuordnen. Das wiederum ermöglichte es, den Viehbestand zu erweitern und die Äcker stärker zu düngen. Kaiser Joseph II. verlieh dem rührigen Klee-Enthusiasten 1784 das österreichische Adelsprädikat Edler von Kleefelde. Eine andere geschätzte Futterpflanze wurde die Luzerne. Klee und Luzerne wurden aus Mangel an Wiesen und Weide in der Magdeburger Börde, einem ausgesprochenen Weizenland, reichlich angebaut.

Die Kartoffel, eine andere wichtige neue Ackerfrucht des 18. Jahrhunderts, verbesserte auf der Brache und bisher unbebauten Flächen die chemische, physikalische und biologische Struktur des Bodens. Der Aufstieg der Kartoffel zum Massenernährungsmittel begann nach den Getreidemißernten von 1771 und 1772.

Um Quedlinburg bildete die Intensivierung des Ackerbaus durch die Besömmerung der Brache den Ausgangspunkt für einen umfangreichen Gemüseanbau, aus dem allmählich die Samenzucht hervorging. Im 19. Jahrhundert wurde sie, von Großgärtnereien betrieben, weltberühmt. Günstige Natur-

Wittenberg, Schloßkirche, Thesentür

bedingungen, verschiedenartigste Ackerböden – zum größten Teil tiefgründige Lößböden – und hohe Sonnenscheindauer machen die Quedlinburger Landschaft zu einem ausgesprochenen Saatzuchtgebiet. In der Altmark diente die Brache auch dem Hopfenanbau, dessen Ausbreitung in der Volkskultur Niederschlag fand, in den geselligen Gesängen beim Hopfenpflücken, den Hopfenliedern, und in der besonderen Tracht der Hopfenanbauer und Hopfenhändler.

Die landwirtschaftliche Expansionsphase des 18. Jahrhunderts stützte sich auf Intensivierung und Extensivierung. In der etwa von 1680 bis 1780 währenden Periode des absolutistischen Landesausbaues kamen vor allem bisher nicht bebaute Landstriche unter Kultur, besonders wüst liegende oder nur gelegentlich genutzte Fluren auf Domänen und Rittergütern sowie aufgeteilte fürstliche Güter und entwässerte Areale. Die »friderizianische Kolonisation« von 1740 bis 1786, Gipfel der preußischen Siedlungsbewegung, hatte darüber hinaus die Aufgabe, zugunsten der Intensivierung die Leistungskraft des Dorfhandwerks zu erhöhen. Zu den Kolonisationsgebieten gehörten auch das Magdeburgische und Halberstädtische. Friedrich hielt diese Gegenden im Verhältnis zu ihren guten Böden für zu gering bevölkert. Sie litten unter ständigem Landarbeitermangel. Hauptsächlich Tagelöhner, Bauern, Kossäten und Handwerker übernahmen hier zum größten Teil auf königlichem Grund und Boden unbesetzte Stellen.[23] Noch heute erinnern einige Ortsnamen an damalige Gründungen, zum Beispiel Friedrichsschwerz im Saalkreis, Friedrichsaue bei Aschersleben und Friedrichsrode in der ehemaligen Grafschaft Hohenstein. Auch der Name des Dorfes Königsaue, seit 1751 nach Trockenlegung des Aschersleber Sees mit Neuansiedlern, darunter auch Pfälzern, besetzt, geht auf diesen Monarchen, der königlichen Ländereien zur Verfügung stellte, zurück. Im Altmärkischen führten Meliorationen und Aufforstungen, die bereits unter König Friedrich Wilhelm I. eingeleitet worden waren, zu erheblichen Veränderungen der Kulturlandschaft. Als mit zunehmender Versumpfung des Drömlings, einer 320 Quadratkilometer großen Niederung im Südwesten der Altmark, sich die Produktionsbedingungen für die dortigen Bauern drastisch verschlechterten, befahl Friedrich II. Ende der 70er Jahre größere Meliorationsarbeiten in diesem Feuchtgebiet. Der Volksmund nannte es fortan das »Land der tausend Gräben«. Rechts der Elbe, in Jerichow, trugen der Plauer Kanal (1743 - 1745) und dann die Urbarmachung des Fiener-, Trüben-, Stremme- und Ihlebruchs viel zu besserer Bodenkultur bei. Der Plauer Kanal verkürzte den Wasserweg zwischen Berlin und Magdeburg um die Hälfte. Außerdem gewann die Stadt Genthin und ihre Umgebung Anschluß an den allgemeinen wirtschaftlichen Aufstieg. Ansiedler kamen aus Kursachsen, Anhalt, Hannover, Braunschweig, Südwestdeutschland und anderen Teilen des Reiches. Die ihnen von der preußischen Regierung gewährten Vergünstigungen reichten allerdings oftmals nicht für ein in der neuen Heimat erhofftes gesichertes Fortkommen aus. Es kam mancherorts auch zu Auseinandersetzungen mit der angesessenen Bevölkerung, weil die staatliche Kolonisationspolitik den Altbauern, zum Beispiel im Drömling, Nachteile brachte.

Um die Harzer Forstkultur machte sich Hans Dietrich von Zanthier, ein bedeutender Vorläufer der modernen Forstwissenschaft, verdient. Er war 1748 in gräflich Stolbergisch-Wernigerodischer Dienste berufen worden, um in der waldreichen Grafschaft die Forstwirtschaft, eine der wichtigsten herrschaftlichen Einnahmequellen, zu effektivieren.[24] Auch machte der hohe Holzverbrauch im Bergbau und in den Hütten des Harzes eine planmäßige Forstpflege notwendig. Zanthier führte die Schlageinteilung als Grundlage der modernen Forstwirtschaft ein. Zur fachgerechten Ausbildung des Personals gründete er die erste deutsche Forstakademie. Die Ilsenburger Forstakademie (1765-1778) betonte im Ausbildungsgang die naturwissenschaftliche Lehre und die Einheit von Theorie und Praxis.

Die Hüttenwerke in den Flußtälern des Harzes besaßen bis zum Anfang des 19. Jahrhunderts eine erhebliche volkswirtschaftliche Bedeutung. Ihre Erzeugnisse – Roheisen, Stabeisen, Blech, Draht, Stahl, Blankschmiedewaren – hatten Norddeutschland zum Hauptabnehmergebiet gemacht. Der Ruf der gräflich Stolbergischen Hüttenwerke zu Ilsenburg drang bis nach Rußland. Zar Peter der Große besuchte 1697 auf seiner Reise nach Holland die Ilsenburger Eisengießerei. Im 18. Jahrhundert wurde das Harzer Eisenhüttenwesen, darunter das 1686 gegründete Eisenwerk Thale, verstaatlicht. Das ermöglichte eine durchgreifende Verbesserung des Betriebs der Eisenwerke, die wegen ihrer auf Rentabilität bedachten Administration und Innovationsbereitschaft auch von Ausländern, sogar von den britischen Inseln, der Wiege der Industriellen Revolution, aufgesucht wurden.

Nach dem Siebenjährigen Krieg bemühte sich in Preußen der verantwortliche Minister des neugegründeten Bergwerks- und Hüttendepartements, Ludwig von Hagen, um wissenschaftlich ausgebildeten Nachwuchs für die Bergadministration. Dabei kam der hallischen Universität eine Schlüsselrolle zu, weil sie unter allen preußischen Hochschulen »Bergwerken am nächsten gelegen« sei und »wo also noch am ersten Zuhörer zu dergleichen Collegiis zu hoffen« seien.[25] Auf ministerielle Anregung hin wurden hier in den 70er Jahren Vorlesungen über Bergbau, Berg- und Forstrecht sowie Mineralogie (über diese auch noch in späterer Zeit) gehalten.

Im mitteldeutschen Bergbau und Textilgewerbe kündigte sich um die Jahrhundertmitte das Maschinenzeitalter an. Zum Abpumpen des Grubenwassers im Steinkohlenbergbau bei Ballenstedt wurde 1745 eine vom Bernburger Landbaumeister Friedrich Kessler konstruierte atmosphärische Dampfmaschine eingesetzt. Der Pächter der Königlichen Saline Schönebeck, Abraham Gansauge, legte 1768 bei Altenweddingen die erste ständig betriebene Braunkohlengrube im Magdeburgischen an. Zur Wasserhaltung ließ er 1778 eine aus England stammende atmosphärische Dampfmaschine installieren.[26] Es war ein Meilenstein in der deutschen Technikgeschichte und der Historie des Mansfelder Bergbaus, daß 1785 auf dem König-Friedrich-Schacht bei Hettstedt die erste von deutschen Arbeitern nach Wattschen Vorbild gefertigte »Feuermaschine« zur Entwässerung der Abbaustollen zum Einsatz kam. So begann der Dampfmaschinenbau im Preußischen, und – für die wirtschaftlich-industrielle Zukunft bedeutungsvoll – ein Stamm von einheimischen Facharbeitern formierte sich. Erstmals im Reich wurde seit 1793 eine Dampfmaschine zum Heben von Sole auf der Saline Schönebeck verwendet. In Kursachsen konstruierten einheimische Handwerker nach englischen Erfahrungen Textilmaschinen. Bandmühlen zum Weben von Bändern und Borten sind um 1760 für Naumburg bezeugt. In Zeitz fertigte damals der Zimmermann Matthias Frey Spinnmaschinen, die allerdings hinter der berühmten englischen »spinning jenny« zurückstanden.

Die kostspieligen technischen Fortschritte in der Salzgewinnung stützten sich weitgehend auf staatliche Förderung. In der Provinz Magdeburg entstanden unter preußischer Herrschaft neben den alten pfännerschaftlichen Salzsiedereien Halle, Groß-Salze und Staßfurt technisch mustergültig ausgestattete königliche Salzwerke in Schönebeck (1705) und Halle (1721). Das Schönebecker Unternehmen stieg zur bedeutendsten deutschen Saline auf. Die wachsende Konkurrenz der kursächsischen und thüringischen Salinen sowie die zu ihren Gunsten erlassenen Einfuhrverbote trafen in Preußen in erster Linie die ausschließlich auf Absatz im Ausland angewiesenen pfännerschaftlichen Betriebe, deren Organisation und technisches Niveau zurückgeblieben war. Ihre überlebte mittelalterliche Besitzform konservierte den zersplitterten Siedebetrieb, während die privilegierten Staatssalinen die wichtigsten technischen Neuerungen im Salinenwesen des 18. Jahrhunderts einführten: die Dorngradierung, den Bau größerer Siedehäuser und die Kohlefeuerung. 1797 übernahm der preußische Staat die niedergehenden Salinen in Staßfurt und Groß-Salze. Während die letztere stillgelegt wurde, unterzog man die Staßfurter Saline sogleich einer gründlichen Modernisierung. Die Erfolge der kursächsischen Salinen im 18. Jahrhundert sind vor allem auf Johann Gottfried Borlach, den »Vater des sächsischen Salinenwesens«, zurückzuführen. Dieser Wegbereiter der Montanhydrologie, Fachmann für Salzgeologie und erfahrene Salineningenieur errichtete die für ihre Zeit modernen Staatssalinen in Artern (Neuaufbau 1728), Kosen (1731) und Dürrenberg (1763). Kursachsen, ursprünglich ein Salzimporteur, wurde zu einem bedeutenden Salzproduzenten. Die Salzproduktion bildete in den Salinenstädten nicht nur eine Grundlage ihres Wirtschaftslebens, sondern auch einer eigentümlichen Gruppenkultur. In dieser

Hinsicht sind vor allem die Halloren weithin bekannt geworden. Die hallischen Salzarbeiter wußten ihre Trachten, Sitten und Gebräuche entsprechend ihren Möglichkeiten weiterzuentwickeln. Ihr Silberschatz vereinigte seit 1671 Becher und Pokale als schöne Beispiele handwerklicher Gold- und Silberschmiedekunst. Als die Salzarbeiterfamilien im 18. Jahrhundert zu bescheidenem Wohlstand kamen, ersetzten sie ihre traditionelle anspruchslose Kleidung durch ein rotes Gewand aus besserem Tuch und führten den friderizianischen Dreispitz ein.

König Friedrich II. erkannte verdienstvollen Landwirten und Gewerbetreibenden Prämien »zur Verbesserung des Nahrungsstandes und mehrerer Aufnahme des Fabriken- und Manufakturwesens« zu. Im Jahre 1780 zeichnete er aus: Die Gemeinde Groß Germersleben im Magdeburgischen für die selbständige Teilung ihrer Gemeinheiten, den Förster Gräfe in Hödingen im Halberstädtischen »wegen der von ihm in den dortigen königl. Forsten angepflanzten 1378 Stück 10 bis 12 jähriger Eichen«, den Kriegsrat Eversmann in Giebichenstein bei Halle »wegen der um seinen Hopfengarten in Seeben angelegten Hecke von Rüstern und Weißdorn 448 Ellen lang und 2 und eine halbe Elle hoch« (statt Zäune sollten Hecken angelegt werden). Desweiteren wurde der Anbau von Futterkräutern und die Anlegung von Wiesen prämiert. Als Beispiel für die königliche Förderung des Textilgewerbes sei die Prämierung der Herstellung und des Exports von Flanell aus dem Halberstädtischen erwähnt.[27]

Im letzten Drittel des 18. Jahrhunderts stieg die deutsche Kultur zur Höhe bürgerlicher Klassik auf. Grundlegende Voraussetzungen für diesen Aufschwung hatten der Dichter Friedrich Gottlieb Klopstock und der Archäologe und Kunsthistoriker Johann Joachim Winckelmann geleistet. Klopstock begründete die Weltgeltung der deutschen Nationalliteratur. Von seinen Werken ging eine außerordentliche Wirkung auf das geistige Leben aus, am frühesten, um 1750, unter Vertretern und Freunden der deutschen Literatur in Halberstadt, Magdeburg und Quedlinburg. Winckelmann, in Stendal geboren und Absolvent der Universität Halle, begründete in

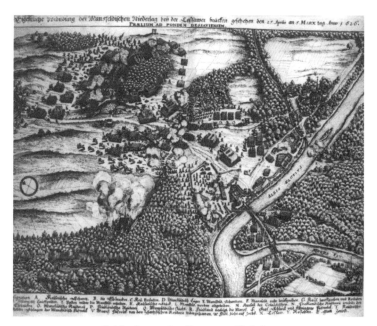

Schlacht an der Dessauer Brücke

Rom die klassische Archäologie und neuere Kunstwissenschaft. Er entdeckte das Griechentum neu. Im Anschluß daran begründete der hallische Universitätsprofessor Friedrich August Wolf, ein führender Repräsentant des Neuhumanismus, die Altertumswissenschaft. Sein Wirken bekräftigten die herausragende Stellung Mitteldeutschlands in der neuzeitlichen deutschen Bildungs- und Schulgeschichte. 1787 richtete er an der hallischen Universität das Philologische Seminar ein. Seine Anhänger und Schüler reformierten als Pädagogen und Beamte das höhere Schulwesen Mittel- und Norddeutschlands im neuhumanistischen Geiste.

In der ständisch zugeordneten Bildung, wie sie auch die Volksschule vermittelte, galt die Religion noch immer als das Wichtigste, und Fähigkeiten im Lesen und allenfalls Schreiben sah die Obrigkeit als völlig ausreichend an. Bei der mangelnden Wirksamkeit der staatlichen Schulreglements zeichneten sich jedoch erhebliche regionale Unterschiede im entstehenden Volksschulwesen ab. Unter den preußischen Provinzen nahm damals Halberstadt eine Spitzenstellung ein. Dank den pietistisch und aufklärerisch geprägten Bestrebungen provinzieller und lokaler Behörden und Persönlichkeiten verfügten hier bereits in der Mitte des 18. Jahrhunderts alle Landgemeinden über eigene Schulen. Der sich formierende Halberstädter Aufklärerkreis um die Pädagogen Friedrich Eberhard von Rochow, Christian Gottfried Struensee und Gottlob Nathanael Fischer sowie den Fabeldichter Magnus Gottfried Lichtwer entwickelte eine auf Breitenwirkung gerichtete sozialpädagogische und schulpolitische Wirksamkeit. Da weitere erzieherische Fortschritte im Volksschulwesen vor allem von einer fachgemäß organisierten Lehrerbildung abhingen, gründeten Rochow und Struensee 1778 das Halberstädter Landlehrerseminar.

Das 18. Jahrhundert legte den Grund für das regionale Zeitungswesen. Die älteste und bedeutendste Zeitung des sächsisch-anhaltischen Raums, die »Magdeburgische Zeitung«, war bereits um 1610 gegründet worden. Anfang des 18. Jahrhunderts schuf August Hermann Francke in Halle die Basis für ein zukunftsreiches Zeitungswesen und einen vorzüglichen

Nachrichtendienst, der sich auf Informationen von hohen pietistischen Verwaltungsbeamten und Diplomaten stützte. Seit 1708 erschien die im Waisenhaus gedruckte »Hallische Zeitung«. Um die Jahrhundertmitte entstand, wie auch anderswo im Reich, ein verhältnismäßig dicht geknüpftes Netz von Zeitungsverlagen. In Quedlinburg, Halberstadt, Merseburg, Zerbst, Köthen, Dessau und anderen regionalen Mittelpunkten, erschienen die ersten, freilich noch überwiegend kurzlebigen Blätter. Die Zeitungspresse, deren Periodizität erst durch die Verbesserung der Verkehrsmittel, insbesondere die Post, verbürgt wurde, befriedigte das Bedürfnis breiterer Kreise nach aktueller politischer, kommerzieller und wissenschaftlicher Information.

Das letzte Drittel des 18. Jahrhunderts, die Zeit des Übergangs von der intensiven zur extensiven Lektüre, war die große Zeit der Lesegesellschaften. Diese am weitesten verbreitete Organisationsform der Aufklärung ermöglichte Privatpersonen einen kostensparenden Zugang zu Büchern, Zeitschriften und Zeitungen, deren Produktion eine ungeahnte Ausweitung erfuhr. In größeren Städten, so in Eisleben, Halberstadt, Halle, Merseburg, Magdeburg, Stendal, Wittenberg und Zerbst, bestanden sogar zeitweilig mehrere Lesegesellschaften. In der Schul- und Universitätsstadt Halle nahm 1788 eine spezielle Lesegesellschaft zur Weiterbildung der Landschullehrer im Geiste philanthropistischer Pädagogik ihre Tätigkeit auf. Seltener waren dörfliche Lesegesellschaften, wie sie damals in Leuna und Spergau bei Merseburg begründet wurden. Ihre einmalige Häufung in den Bördedörfern um Magdeburg zeugte von bäuerlichem Wohlstand und geistigen Einflüssen der benachbarten Großstadt.

In der Regierungszeit des anhalt-dessauischen Fürsten Leopold III. Friedrich Franz prägte sich der aufgeklärte Absolutismus in einer viel bewunderten, kulturell und sozialpolitisch aktiven Spätform aus. Es kam zu einer außergewöhnlich weitgehenden Ausschöpfung des Handlungsspielraums, der im aufgeklärten Absolutismus auf den Feldern der Kultur- und Wissenschaftspolitik, der Landesgestaltung und der allgemeinen Wohltätigkeit historisch-ideell angelegt war. Herrscherliche Intentionen, geformt aus dem persönlichen Erleben und Studium damals aktuellster westeuropäischer Entwicklungen im Bereich der materiellen und geistigen Kultur, konnten in bemerkenswerter Verdichtung effektive Regierungspraxis werden. Eine grundlegende begünstigende Voraussetzung dafür lag darin, daß sich einst im Dessauischen die Konstituierung des Absolutismus unter Elimination der Adelsklasse vollzogen hatte. Diese Entwicklung führte zu einer einzigartigen Sozialstruktur, die der fürstlichen Initiative einen weiten politischen Spielraum für humanistisches, irenisches Wirken gewährte. Dabei ist zu bemerken, daß sich das Handlungsmuster aufgeklärter Regenten in Mitteldeutschland in mancher Hinsicht an früheren landesfürstlichen Erfahrungen, insbesondere aus dem Zeitalter des Barock, orientierte. Bereits in der ersten Hälfte des 17. Jahrhunderts ist die für den Absolutismus so typische Interaktion von regierendem bzw. hohem Adel und bürgerlichen Gelehrten und Künstlern mit ihrem unentbehrlichen Sachverstand erstmals im großen Stil in Deutschland vom Kreis um Fürst Ludwig von Anhalt-Köthen bei der Gründung der schon erwähnten Fruchtbringenden Gesellschaft praktiziert wurden.[28] Gegenüber dieser barock geprägten Hofkultur gewannen dann die persönlichen Verbindungen von Leopold III. Friedrich Franz eine viel größere staatspolitische Wertigkeit für die Verwirklichung einer konsequenten Spätform des aufgeklärten Absolutismus.

Fürst Franz, so die zeitgenössische liebevolle Kurzform seines Namens, bemühte sich besonders in den ersten Jahrzehnten seiner Regierung, Aufklärung mit sozialem Tiefgang zu praktizieren. Er gehörte zu jenen Potentaten, die als zentrale Anreger aufgeklärter Politik hervortraten, dabei jedoch radikale Bestrebungen abwehrten. Er wollte der »Wohltäter und Beglücker seiner Untertanen« sein.[29] Die von ihm durchgeführten Reformen erfaßten wichtige Lebensbereiche. Administrative und ökonomische Lehren und Neuerungen aus England, französische Aufklärung der Rousseauschen Richtung, Philanthropismus, schweizerische Naturverbundenheit, Klassizismus und Neugotik, Klassik und Romantik kamen hierbei mehr oder weniger zum Zuge. Anhalt-Dessau präsentierte sich als ein Staat des Friedens, der »Landesverschönerung« und einer

Belagerung der Stadt Magdeburg im Jahre 1631

Toleranz, die Juden einschloß. Hier bildete sich ein Mittelpunkt der jüdischen Kulturbewegung. Dafür leistete der aus Dessau gebürtige jüdische Berliner Aufklärer Moses Mendelssohn eine überregional bedeutsame Vorarbeit. In erster Linie bürgerliche Pächter und Administratoren brachten die Agrikultur auf einen hohen Stand. Weithin bekannt waren die Musterwirtschaften in Wörlitz durch Förderung des Rapsanbaus und der Stallfütterung und in Gröbzig durch Sonderung der Gemeindetrift, Einführung des Klee- und Futteranbaus, der Stallfütterung und Züchtung besserer Viehrassen; die Pötnitzer Schafzucht gehörte zu den besten Deutschlands.

Leopold III. Friedrich Franz schuf gemeinsam mit seinem Freund und Berater Friedrich Wilhelm von Erdmannsdorff, dem Begründer des deutschen Klassizismus, repräsentative Kultur. Der Architekt wirkte maßgeblich mit bei der baulichen Gestaltung der Residenzstadt Dessau und bei der Anlegung und architektonischen Ausstattung des Wörlitzer Landschaftsparks. Des Baumeisters schönstes Werk ist das bei aller Einfachheit festliche Würde ausstrahlende Schloß Wörlitz (1769 - 1773), eine völlige Abwendung vom zeitgenössischen Barock. Der ausgedehnte Wörlitzer Park, vom Fürsten in Zusammenarbeit mit den Gärtnern Johann Friedrich Eyserbeck und Johann George Schoch d. J. als ein für Deutschland frühes und umfangreiches Beispiel des englischen »natürlichen« Gartenstils 1769 - 1805 gestaltet, zählt zu den bedeutendsten deutschen Landschaftsgärten des 18. Jahrhunderts. Wie auch bei der Formung der großräumigen Kulturlandschaft im Mündungsgebiet der Mulde folgten hier wirtschaftliche und kulturelle Neuerungen einem aufgeklärt-philosophischen Programm der Weltveränderung und Menschenbildung. Es fehlte dabei nicht die soziale Komponente. Die im Dessauer Gartenreich angesiedelte menschliche Gemeinschaft sollte in Frieden und ohne scharfe soziale Gegensätze leben.[30]

Johann Bernhard Basedow, der Begründer der spätaufklärerischen pädagogischen Reformbewegung des Philanthropismus, eröffnete 1774 in Dessau eine überkonfessionelle Musterschule, das Philanthropin (Anstalt der Menschenliebe). Hier sollten einander gleichgestellte Söhne von Adligen und wohl-

74

habenden Bürgern eine brauchbare, lebensnahe, aufkläre-risch-kosmopolitische Allgemeinbildung erhalten. Anschauliche Vermittlung von Kenntnissen in den Naturwissenschaften und Realien, Handwerksunterricht und Einbeziehung der bis dahin vernachlässigten Körperübungen als vollgültiger Disziplin in die Schulpraxis sollten lebenstüchtige und gesellschaftlich nützliche Persönlichkeiten heranbilden. Als erste Erziehungsanstalt erteilte das Dessauer Philanthropin, über die traditionellen Übungen der Adelserziehung Reiten, Tanzen und Fechten hinausgehend, regelmäßigen Unterricht im Laufen, Springen und anderen Körperübungen und wurde zu einer Wiege des Schulturnens.

Die von Karl Gottfried Neuendorf, einem Absolventen der Universität Halle, geleitete philanthropistische Landschulreform brachte die obligatorische Staatsschule, eine bessere Ausbildung und soziale Lage der Lehrer (1779 wurde in Wörlitz ein Landlehrerseminar gegründet, dem Köthen 1783 folgte), und den Bau von Schulhäusern. An der Spitze des neuen staatlichen Schulsystems stand die fürstliche Hauptschule in Dessau (1785), die eine Grundschule, eine Bürgerschule und eine auf das Universitätsstudium vorbereitende Gelehrtenschule umfaßte. In Dessau, einem wichtigen Zentrum jüdischer Geistigkeit, entstand mit staatlicher Unterstützung ein jüdisches Schulwesen.

Der Buchhandel und das Zeitschriftenwesen nahmen einen Aufschwung, und die von 1796 bis 1806 bestehende »Chalkographische Gesellschaft« machte Dessau zu einem Mittelpunkt der Herstellung und des Vertriebs von Kupferstichen. Diese Kupferstecheranstalt setzte sich das Ziel, die deutsche Kupferstecherkunst auf die Höhe der englischen zu heben.

Die Medizinalkommission (1793), das oberste gesundheitspolitische Leitungsorgan im Lande, widmete sich besonders dem Infektionsschutz, der Prophylaxe und der Gesundheitserziehung. Die Armen erhielten demzufolge kostenlos ärztliche Versorgung.

Dessau wurde durch den Musikdirektor Friedrich Wilhelm Rust eine Stätte höfischer Musik- und Theaterpflege, die bürgerliche Kreise einbezog. Rust bildete seit 1766 ein Orchester, einen Chor und Solisten von hohem künstlerischen Rang heran. Sein Wirken prägte die erste Blütezeit der Musikgeschichte Dessaus, die ihren Schwerpunkt in der Oper hatte. Das erste Dessauer Schauspielhaus, 1798 nach einem Riß von Erdmannsdorff im klassizistischen Stil errichtet, brachte eine Umwälzung im Bühnenbau. Die demokratische Sitzordnung im halbrund angelegten Zuschauerraum brach mit der fürstlich-ständischen Tradition des barocken Schloßtheaters.

Der musterhafte dessauische Staat zog viele interessierte Besucher an, unter ihnen Johann Wolfgang Goethe, Christoph Martin Wieland, Johann Wilhelm Ludwig Gleim, der Schweizer Schriftsteller Johann Kaspar Lavater und der Weltreisende Georg Forster. Ein fruchtbarer geistiger Austausch wurde mit Halberstadt, Wirkungsstätte eines pädagogisch und literarisch aktiven Aufklärerkreises, und mit Weimar, dem Vorort der deutschen klassischen Literatur, gepflegt. Dessau ragte dabei auf den Gebieten des Sozialwesens und der Politik, der bildenden Kunst, Architektur, Landschaftsgestaltung und Musik hervor.

HEINZ KATHE

Die letzten Jahre des Ancien Régime

In den achtziger Jahren des 18. Jahrhunderts hatte der aufgeklärte Absolutismus die Grenzen seiner politischen Möglichkeiten erreicht, und seine Epoche ging zu Ende. In Preußen gelangte nach dem Tode Friedrich II. 1786 eine ausgesprochen aufklärungsfeindliche Gruppierung um den neuen König Friedrich Wilhelm II. und seinen Justizminister und Chef der geistlichen Angelegenheiten, Johann Christoph Wöllner, zur Macht. Das Religionsedikt und das Zensuredikt von 1788 sollten aufklärerische Staats- und Gesellschaftskritik unterdrücken, wie sie von dem hallischen Schriftsteller Karl Friedrich Bahrdt im Rahmen der Politisierung der Spätaufklärung vorangetrieben wurde. Bahrdt wurde wegen seines Auftretens gegen diese restriktiven Edikte zur Festungshaft in Magdeburg verurteilt.

Die im Juli 1789 ausgelöste Französische Revolution veränderte sogleich die Rahmenbedingungen des geistigen und politischen Lebens in Mitteldeutschland. In den preußischen, anhaltischen und kursächsischen Aufklärungs- und Bildungszentren Halle, Halberstadt, Magdeburg, Dessau und Wittenberg verschmolz das Bekenntnis zur beginnenden Revolution mit dem bereits praktizierten Widerstand gegen selbsterlittene aufklärungsfeindliche Regierungspraxis. Die Repressionen gegen die aufklärerische Theologie (Neologie) an der hallischen Theologischen Fakultät in der Ära Wöllner waren politisch motiviert und galten der Bekämpfung französischer Einflüsse. Dem allgemeinen Bedürfnis nach Informationen über die Ereignisse im westlichen Nachbarland stellten sich vor allem in den genannten Städten Intellektuelle. Der aus Magdeburg gebürtige Schriftsteller Friedrich Schulz, ehemals Student in Halle, war 1789/90 Augenzeuge von Pariser Revolutionsereignissen. Seine »Geschichte der großen Revolution in Frankreich« (1790) gehört innerhalb der deutschen Reiseliteratur zu den ersten ausführlichen Berichten über den Auftakt dieser Revolution, die er als »eine freien und wohltätigen Umschwung« des Staatskörpers begriff.[31] Überregional bedeutsame Mittelpunkte der Publizistik über die Französische Revolution und den 1792 beginnenden Interventionskrieg waren im Gebiet zwischen Altmark und Nordthüringen die Städte Halle und Halberstadt. Hier verfügte die Aufklärungsbewegung über feste Positionen und über eine verhältnismäßig breite soziale Grundlage. Der Komponist und Musikschriftsteller Johann Friedrich Reichardt und der Schriftsteller Friedrich Christian Laukhard veröffentlichten demokratisch geprägte Erlebnisberichte, der Romandichter und Feldprediger August Heinrich Lafontaine verwertete seine Feldzugserfahrungen in poetischer Form.[32] In Halberstadt bildete die »Literarische Gesellschaft«, eine 1785 gegründete Vereinigung von Regierungsbeamten, Domherren, Pädagogen, Gelehrten und Offizieren um den Gymnasialdirektor Gottlob Nathanael Fischer, eine Stätte des Gedankenaustausches und der Vorbereitung von Veröffentlichungen. Die außergewöhnlich enge Verbindung ziviler Aufklärer mit aufklärerisch beeinflußten Angehörigen der örtlichen Garnison ermöglichte es dem Halberstädter »Neuen Gemeinnützigen Blättern«, in einzigartiger

Weise Augenzeugenberichte vom Interventionsfeldzug zu veröffentlichen.

Im scharfem Gegensatz zu den demokratischen Ideen der Französischen Revolution schacherten anhaltische Fürsten noch im Stil alter Kabinettspolitik um Land und Untertanen. Mit dem Tod des Fürsten Friedrich August am 3. März 1793 erlosch die Zerbster Linie. Ihr Land fiel nach Entscheidung durch das Los 1797 an die übrigen Linien des Hauses Anhalt. Der westliche Teil mit der Stadt Zerbst kam zu Dessau, der mittlere mit Roßlau und Dornburg zu Köthen und der östliche mit Coswig zu Bernburg.

In den Bereichen von Wissenschaft und Technologie wurde an der Schwelle des 19. Jahrhunderts Grundlegendes für die künftige Profilierung des mitteldeutschen Wirtschaftslebens geleistet.

Der Berliner Naturwissenschaftler Franz Karl Achard verwendete für seine Versuche zur Zuckergewinnung Runkelrüben aus dem Magdeburgischen und Halberstädtischen, wo sich deren Anbau auf einem Teil der Brache als Viehfutter seit 1790 stärker durchgesetzt hatte. Achard konnte 1799 die erste Probe Rübenzucker bei König Friedrich Wilhelm III. (1797 - 1840) einreichen. Er wurde der Begründer einer neuen landwirtschaftlichen Kultur und der Zuckerrübenfabrikation.

Die Braunkohle, die seit der Jahrhundertmitte gewerblich genutzt wurde, fand nunmehr in Produktion und Haushalt größere Verwendung. Vor allem die Einführung der Dampfmaschine und die im Salinenwesen vorgenommene Umstellung auf Braunkohlenfeuerung erhöhten den Bedarf an fossilen Energieträgern. Für die Kohlenversorgung der sächsischen Salinen war der Bergassessor Friedrich Freiherr von Hardenberg (Novalis) zuständig. Als Mitarbeiter des Weißenfelser Salinenamtes beteiligte er sich an der Erkundung von Kohlenlagerstätten im Rahmen der sächsischen geologischen Landesuntersuchung. Novalis ist als Dichter der führende Vertreter der Frühromantik geworden. Sein künstlerisches Werk ist durch seine genaue berufliche Kenntnis des Bergbaus unverkennbar bereichert worden.

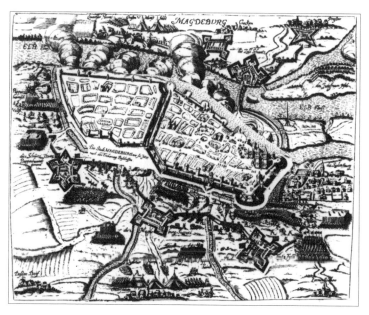

Eroberung von Magdeburg durch Tilly

Schwerpunkte der Verbesserung der Verkehrswege waren die Schiffbarmachung der Unstrut und die Anfänge des Chausseennetzes. Die Pläne für einen Wasserweg Unstrut-Saale-Elbe gehen bis in die zweite Hälfte des 17. Jahrhunderts zurück, sie blieben jedoch vor allem auf Grund der Leipziger Stapelgerechtigkeit lange Zeit unausgeführt. Erst als das Dresdener Kabinett den Beschluß gefaßt hatte, den westlichen Landesteil gewerbepolitisch zu fördern, konnte die Unstrut in den Jahren 1791 - 1794 von Artern an schiffbar gemacht werden. Zugleich wandte man sich dem bei der Einmündung der Unstrut beginnenden Unterlauf der Saale, der schon im Spätmittelalter mit Schleusenbauten verbessert worden war, wieder zu. Es handelte sich zunächst um die sächsische Flußstrecke bis Weißenfels. Über die neue Route, die 1818 - 1822 bis nach Halle verlängert wurde, gingen hauptsächlich Sandstein, Kalkstein, Holz, Getreide und Salz. Ende des. 18. Jahrhunderts begann nördlich der Unstrut das Chaussieren alter Landstraßen, die nun mittels Steinpackung befestigt wurden. Für das Anlegen solcher Kunststraßen wählte man zunächst stärker befahrene Hauptrouten aus. In Sachsen waren es zuerst die Salzstraße von der Saline Dürrenberg in Richtung Leipzig und die Straße Leipzig-Weißenfels-Naumburg. Friedrich II. von Preußen hatte kaum Gelder für den Straßenbau bewilligt. Erst sein Nachfolger Friedrich Wilhelm II. ordnete im November 1786 die Chaussierung der Route mit regem Frachtverkehr von Magdeburg über Könnern und Halle zur sächsischen Grenze vor Leipzig an.

Das geistige Leben stand unter dem Einfluß der Glanzperiode deutscher Philosophie und Literatur um 1800. Das Werk des Königsberger Gelehrten Immanuel Kant leitete zur klassischen Philosophie über. Der Kantianismus verdrängte auch an der Universität Halle den von hier ausgegangenen Wolffianismus. Es wurden hier auch erste Schritte für eine Hochschulreform unternommen. Ein Vorposten der Weimarer Klassik war die ehemalige Sommerresidenz der Herzöge von Sachsen-Merseburg, das Modebad Lauchstädt, wo seit 1791 das Weimarer Hoftheateremsemble unter Goethes Leitung alljährlich seine Sommerbühne aufschlug. Dann zog das theaterbegeisterte Publikum aus Halle und Leipzig in das »sächsische Pyrmont«.

Mansfeld, Schloß und Festung

Auf schulpolitischem Gebiet machte Kursachsen beträchtliche Fortschritte. Der Thüringische Kreis erhielt 1794 in Weißenfels ein Lehrerseminar anstelle des geschlossenen »Gymnasium illustre Augusteum«. Diese neue Ausbildungsstätte für Volksschullehrer sollte in der ersten Hälfte des 19. Jahrhunderts unter dem Direktorat von Christian Wilhelm Harnisch, einem Anhänger des Schweizer Reformpädagogen Johann Heinrich Pestalozzi, überregionalen Ruf erlangen. In den sächsischen Landesschulen Pforte, Grimma und Meißen fand der Neuhumanismus Eingang. Eisleben, Mittelpunkt des Mansfelder Bergbaus, erhielt 1798 eine der ersten bergbaulichen Fachschulen.

Im späten 18. Jahrhundert begann im Harz wie in anderen deutschen Mittelgebirgen der moderne Fremdenverkehr. Neuentdeckte Höhlen und reizvolle Gegenden des Harzes, besonders an seinem Nordrand, wurden beliebte Wander- und Reiseziele. Die benachbarten Aufklärungsuniversitäten Göttingen und Halle machten das Gebirge zum Gegenstand naturwissenschaftlicher, geographischer und historischer Forschungen; es entstand ein spezielles Harzschrifttum. Mit Goethes 1789 veröffentlichten Gedicht »Harzreise im Winter« erschien das nördlichste Gebirge Deutschlands zum ersten Mal im weltliterarisch bedeutsamer Literatur. Der Brocken wurde in der aufblühenden Romantik und bei der geistigen Vorbereitung der antinapoleonischen Befreiungskämpfe ein Bezugspunkt des sich regenden Nationalgefühls. Zu Anfang des 19. Jahrhunderts stellte sich mehrere Salzorte in den zukunftsträchtigen Dienst medizinischer Fürsorge; die Sole wurde nun auch für Heilzwecke genutzt. Ein regelmäßiger Kurbetrieb begann zuerst in Elmen bei Calbe 1802, dem ersten deutschen Solebad, es folgten bald Kösen, Sulza, Frankenhausen und Halle.

Die napoleonischen Kriege wirkten sich nach 1808 immer stärker auf Norddeutschland aus. Der Frieden von Luneville, der zwischen dem Deutschen Reich und der Französischen Republik 1801 abgeschlossen wurde, überließ das linke Rheinufer Frankreich. Die Entschädigung jener Fürsten, die dadurch Gebietsverluste erlitten hatten, wurde im Reichsdeputationshauptschluß vom 25. Februar 1803 geregelt. So kam es zu größeren Besitzveränderungen auch im Umland des Harzes. Das Stift Quedlinburg, das schon seit 1697/98 unter hohenzollerischer Schutzherrschaft stand, fiel nun als erbliches Fürstentum an das Königreich Preußen. Preußisch wurden auch die säkularisierten kurmainzischen Besitzungen Erfurt nebst dem Eichsfeld, dazu die Reichsstädte Nordhausen und Mühlhausen. Die preußische Regierung vereinigte die neugewonnenen Gebiete zu einem Verwaltungsbezirk, dessen oberste Landesbehörde, die »Eichsfeld-Erfurtische Kriegs- und Domänenkammer«, ihren Sitz in Heiligenstadt erhielt.

Der altpreußische Militärstaat zeigte sich bei der bestehenden engen Verflechtung von Sozialleben und Militärsystem außerstande, erforderlich gewordene tiefgreifende Reformen einzuleiten. Der Militärtheoretiker Georg Heinrich von Berenhorst, ein Sohn des Fürsten Leopold I. von Anhalt-Dessau, übte unter dem Eindruck der französischen Siege in seinen »Betrachtungen über die Kriegskunst« (1797 - 1799) Kritik am erstarrten preußischen Kriegswesen, das er als ehemaliger Adjutant Friedrichs II. genau kannte. Auch wußten die staatlichen Behörden sich erkennbar abzeichnenden örtlichen sozialen Spannungen nicht helfend vorzubeugen. Teuerung und Brotmangel führten im Juni 1805 in Halle und Umgebung sowie in Aschersleben zu Tumulten unter Handwerksgesellen, Gewerbegehilfen, Tagelöhnern, Lohnarbeitern und Handwerksmeistern. Die Bewegung wurde vom Militär niedergeschlagen.[33]

Dynastische Machtambitionen und ein geschichtlich überholtes System adliger Vorrechte und feudaler Abhängigkeiten kennzeichneten die Verhältnisse im nachfriderizianischen Preußen. Im Oktober 1806 zog König Friedrich Wilhelm III., die Schlagkraft seines Heeres überschätzend, mit dem sächsischen Verbündeten gegen das napoleonische Frankreich in den Krieg, nachdem der steigende Einfluß Napoleons I. auf die Territorial- und Machtverhältnisse der deutschen Staaten im August 1806 zur Auflösung des »Heiligen Römischen Reiches« geführt hatte.

HELMUT ASMUS
Politische und agrarisch-industrielle
Neu- und Umgestaltung im
Elbe- und Saale-Department
des Königreiches Westfalen,
in der preußischen Provinz Sachsen
und in den anhaltinischen Herzogtümern
1806 - 1871

Die marktwirtschaftliche und parlamentarisch-administrative Modernisierung Sachsen-Anhalts

1806 dehnte das napoleonische Frankreich seinen Herrschaftsbereich bis an die Elbe aus. Mit der Gründung des Königreiches Westfalen nahm Napoleon den bis dahin tiefsten Eingriff in die staatliche und administrative Gliederung der sachsen-anhaltischen Region vor. Indem sich Preußen im Ergebnis des antinapoleonischen Unabhängigkeitskrieges den nördlichen Teil des Königreiches Sachsen einverleibte, trat der aus der preußischen Provinz Sachsen und dem Herzogtum Anhalt bestehende Zwei-Territorien-Komplex ins Leben, welcher bis 1944 beinahe unverändert blieb und in seinem Gebietsumfang, abgesehen von peripheren Verlusten und Zuwächsen, dem heutigen Bundesland Sachsen-Anhalt entspricht. Da sich die Beziehungen zwischen Provinz und den von ihr weitgehend umschlossenen Herzogtümern nun bedeutend verdichteten, die Entwicklungen einander durchdrangen, kann – in einem engeren Sinne – davon gesprochen werden, daß nun die Geschichte »Sachsen-Anhalts« einsetzte.

Die allgemeinen wie die persönlichen Lebensbedingungen und -verhältnisse der in dieser Region beheimateten Menschen unterlagen während der ersten beiden Drittel des 19. Jahrhunderts einem bis dahin beispiellos schnellen Wandel, dessen einschneidende Tiefe nicht einmal mit den Umbrüchen nach 1945 und 1990 verglichen werden kann. Diese Umwälzung wurde durch die Eroberungspolitik Napoleons angestoßen und zwischen 1864 und 1871 mit der Reichsgründungspolitik Bismarcks zu einem Abschluß geführt. Vor allem wurde die Landwirtschaft von den feudalen Fesseln befreit und mechanisiert, das handwerklich-manufakturelle Gewerbe industriell revolutioniert und beide den Chancen und Zwängen der von der kapitalistischen Großproduktion dominierten marktwirtschaftlichen Konkurrenz ausgesetzt. In der historischen kurzen Spanne von zwei Generationen – dabei durch die revolutionären und kriegerischen Ereignisse der Jahre 1806 bis 1813, 1830/32, 1848/49 und 1864 bis 1871 beschleunigt, doch überwiegend durch staatlich gelenkte Reformen vorangebracht – wurden in Sachsen-Anhalt ebenso wie im übrigen Deutschland die ökonomischen und sozialen, die staatlichen und rechtlichen Zustände grundlegend umgestaltet. In der Provinz Sachsen und in Anhalt wurden diese Prozesse keineswegs nur passiv nachvollzogen, sie zeichneten sich auch nicht allein durch gewöhnliche regional bedingte Besonderheiten aus: Nein, in diesem Zeitraum, als die bis heute andauernde kapitalistisch-marktwirtschaftliche und parlamentarisch-administrative Modernisierung auf den Weg gebracht wurde, war Sachsen-Anhalt eines der Bewegungszentren für Preußen und Deutschland. Namentlich in wirtschaftlich-sozialen Bereichen ging es allgemeinen Entwicklungen beispielgebend voran.

Im Königreich Westfalen – Reformen und Befreiung

Am 9. August 1806 befahl der preußische König Friedrich Wilhelm III. die Mobilmachung gegen Frankreich, genau zwei Monate später erklärte er Napoleon den Krieg. Da er sich außenpolitisch gänzlich isoliert hatte, wußte der König, als er in das Armee-Hauptquartier nach Hamburg abreiste, allein Sachsen und Sachsen-Weimar und nicht einmal wie traditionell Anhalt-Dessau und die beiden anderen anhaltischen Fürstentümer an seiner Seite. Doch war er ebenso wie die Generalität und die Öffentlichkeit Preußens in kaum zu überbietender Selbstgefälligkeit davon überzeugt, daß Napoleon an der siegreichen Armee Friedrichs des Großen seinen Meister finden werde.

In einer Doppelschlacht schlugen Napoleon und Marschall Davoust am 14. Oktober die Armee unter dem Fürsten von Hohenlohe bei Jena und die Hauptarmee unter dem Herzog von Braunschweig bei dem Dorfe Auerstedt im südwestlichsten Zipfel des heutigen Sachsen-Anhalts zwischen Naumburg und

Eckartsberga. Diese Niederlage leitete das Ende der friderizianischen Armee ein.[1] Die geschlagene Hauptarmee zog über
Blankenburg, Halberstadt und Tangermünde, über Aschersleben, Egeln und Magdeburg, über Bernburg und Zerbst bzw.
Dessau fluchtartig ins Ostelbische. Die wichtige Elbbrücke bei
Roßlau wurde von den Preußen zerstört. In Magdeburg, der
stärksten preußischen und einer der größten europäischen
Festungen überhaupt, bleiben unter dem Befehl von 19 Generalen mit dem 73jährigen Veteranen des Siebenjährigen Krieges Franz Kasimir von Kleist an der Spitze 24 000 Soldaten
und 720 Geschütze zurück, die Kräfte des Gegners binden
sollten. Kampflos, nach kurzer Blockade der Riesenfestung
durch das für eine Erstürmung nicht ausgerüstete Korps des
Marschalls Ney wurde die Riesenfestung am 8. November übergeben.

Im Frieden von Tilsit mußte Preußen im Juli 1807 die westelbischen Teile des Herzogtums Magdeburg, die Altmark, das
Fürstentum Halberstadt und die Harzgrafschaften abtreten.
Napoleon schuf daraus per Dekret vom 18. August 1807 – zusammen mit einem guten Dutzend von ihm aufgelöster Mit-
tel- und Kleinstaaten, darunter die Kurfürstentümer Hannover und Hessen sowie das Herzogtum Braunschweig – ein neues Staatsgebilde: das Königreich Westfalen. König wurde Napoleons jüngster Bruder Jérôme, der in Kassel residierte. Westfalen gehörte dem 1806 unter Napoleons Protektorat gegründeten Rheinbund an und war aufgrund dessen verpflichtet,
sich an allen Kriegsunternehmen Frankreichs aktiv zu beteili-
gen. Das galt ebenso für die drei anhaltischen Staaten, seitdem ihre Fürsten am 18. April 1807 »Rheinbundgenossen«
geworden waren. Fürst Alexius Friedrich Christian von Anhalt-
Bernburg hatte noch kurz vor der Auflösung des Reiches am
18. April 1806 von Kaiser Franz II. die Erhebung in den erbli-
chen Herzogsstand erreicht, nun erwirkten die Fürsten von
Anhalt-Dessau und Anhalt-Köthen 1807 bei Kaiser Napoleon,
dem Protektor des Rheinbundes, daß auch sie diesen Titel
führen durften.[2] Das ostelbische Jerichower Land des Herzogtums Magdeburg mit Burg und Genthin blieb bei Preußen; es
wurde von Potsdam aus verwaltet. Das militärische Debakel
und die immensen Gebietsverluste brachten den Hohenzollernstaat um seine Großmachtrolle.

Nachdem es die ihm auferlegten hohen Kriegskontributionen beglichen und sich damit der französischen Besetzung entledigt hatte, war Preußen aber neben Österreich der einzige deutsche Staat, der nicht durch fesselnde Verträge in ein Vasallenverhältnis zur französischen Hegemonialmacht gedrückt war.

Napoleon verordnete dem westfälischen Königreich am 15. November 1807 eine in Frankreich ausgearbeitete Kostitution.[3] Die Bewohner zwischen Elbe und Harz, Aland und Saale gehörten nun einem Staat an, in dem zum ersten Mal in Deutschland nach einer Verfassung regiert wurde. Die gewährte allen Staatsbürgern nach französischem Vorbild bestimmte Grundrechte, darunter Unantastbarkeit der Person und des Eigentums, Gewerbe- und Religionsfreiheit, Gleichheit vor dem Gesetz. Alle Adels- und Kirchenprivilegien, ebenso die städtischen und zünftischen Sonderrechte wurden aufgehoben, Justiz und Verwaltung getrennt. Von besonderer Bedeutung war, daß das französische Zivilgesetzbuch unter der Bezeichnung Code Napoléon übernommen wurde, weil es die Prinzipien bürgerlicher Gleichheit und Vertragsschließung allen öffentlichen wie privaten, den wirtschaftlichen wie juristischen Beziehungen und Handlungen zugrunde legte. Das Gerichtsverfahren war nun mündlich und öffentlich. Die französische Form der Militärdienstpflicht, die Konskription (Einschreibung aller erwachsenen männlichen Bürger), löste die Söldnerwerbung ab; durch persönlich bezahlte Ersatzstellung konnten sich die Begüterten davon freikaufen. Alle Binnenhandelsabgaben wurden abgeschafft, ein einheitliches Wirtschaftsgebiet entstand mit dem Franc als Währung. Das zweckmäßige metrische Maß- und Gewichtsystem wurde eingeführt. Gleichförmig und übersichtlich, streng zentralistisch aufgebaute Staats- und Justizbehörden wurden eingerichtet; Fachminister und ein sie beratender Staatsrat, daneben gewählte, vom König aber zu bestätigende Reichsstände nahmen die Spitze ein.

Die administrative Gliederung der Monarchie in Departments, Distrikte, Kantone und Kommunen schob nach französischem Vorbild die alten territorialfürstlichen Gebietsverschachtelungen beiseite, zerstörte auch gezielt historisch

Otto von Guericke

gewachsene Zusammenhänge. Aus den vormals preußischen Herrschaftsgebieten – einschließlich braunschweigischer und hannoverscher Enklaven und Einschiebsel im Harz und in der Altmark – wurden zwei nach der Elbe und Saale benannte Departments gebildet. Die Spitze ihrer Präfekturen befanden sich in Magdeburg und Halberstadt. Das Elbe-Department war in die Distrikte Magdeburg, Neuhaldensleben, Stendal und Salzwedel unterteilt, die Altmark also mit dem Magdeburger Land vereint. Das Saale-Department bestand aus den Distrikten Halberstadt, Blankenburg und Halle.[4] Vornehmlich aufgeklärte liberale Intellektuelle und die an der Entfaltung der Marktwirtschaft besonders interessierten, aber noch wenig zahlreichen Bank-, Manufaktur- und Verlagsunternehmer vermochten die in der Verfassung gebotenen Chancen zu ermessen und zu nutzen. Eine Zuschrift an das »Intelligenzblatt für die Distrikte von Halberstadt und Blankenburg« bezeichnete im Januar 1808 als besonders willkommen, Zivil- und Militärämter nach der Qualifikation und nicht nach der Herkunft besetzen sowie die Steuerfreiheit von Adel und Geistlichkeit aufheben zu können.[5] Vom Beigeordneten des Maire (Gemeindevorstehers) von Langenweddingen ist die Äußerung überliefert:»Wir wollen freie Menschen und keine, auch nicht einmal glückliche Sklaven sein, und freie Menschen sind und werden wir durch die Konstitution.[6] Das großhändlerische Patriziat und die Handwerkerzünfte brachten für die bürgerliche Reformgesetzgebung weniger Begeisterung auf. So sah der Magdeburger Magistrat die 1648 im Westfälischen Frieden und 1680 beim Übergang an Preußen mühsam bewahrten mittelalterlichen Privilegien der Stadt durch die Gewerbefreiheit bedroht. Schon als die Verfassung erst angekündigt war, intervenierte er am 22. September 1807 um Beibehaltung der Stapel – und Niederlagerechte, der Heringspackerei, des Elbzolls, des Brückengeldes, auch der Innungsprivilegien der Magdeburger Elbreeder.[7]

Gegen den Widerstand vieler Adliger hob ein Dekret vom 23. Januar 1808 die Leibeigenschaft und die darauf bezogenen Verpflichtungen entschädigungslos auf. Schon nach der Kapitulation Magdeburgs hatten Bauern verschiedener umliegender Ortschaften die feudalen Leistungen eingestellt, weil sie annahmen, daß die Nachfahren der Großen Revolution sie davon automatisch befreit hätten. Als die westfälische Agrarreform bekannt gemacht war, verweigerten in beiden Departments – vor allem in Dörfern um Wernigerode und Wanzleben sowie in der Altmark – ländliche Produzenten Abgaben und Frondienste, da sie sich dadurch derer ledig glaubten. Bei beiden Anlässen schritten französisches Militär bzw. westfälische Zivilbehörden mit Drohungen, Verordnungen und Gewalt ein.[8] Das Obereigentum der feudalen Grundherren – von Staat, Kirche, von Adligen und auch einzelnen Städten – am Bauernland wurde durch die Aufhebung der Leibeigenschaft nicht berührt. Damit blieben die Geld- und Arbeitsverpflichtungen fortbestehen. Doch konnten sich die Bauern auf der Grundlage eines am 18. August 1809 erlassenen Dekrets aus dieser dinglichen Abhängigkeit ablösen, indem sie den 20- bis 25fachen Jahreswert der bisherigen Feudalrente zahlten. Diese Ablösung schritt allerdings nur langsam voran, weil sie die Einwilligung des Grundherrn und eine größere Barschaft des Bauern zur Voraussetzung hatte. Die Patrimonialgerichtsbarkeit und die Polizeigewalt der adligen, domänenamtlichen und geistlichen Grundherren aber wurden aufgehoben.

Zusammen mit dem zwischen 1809 und 1811 säkularisierten und danach größtenteils von Staats wegen versteigerten Eigentum kirchlicher Stifte und Klöster fand durch die Veräußerung von Domänen der früheren Landesfürsten ein beträchtlicher Besitzerwechsel zugunsten bürgerlicher, zum Teil auch großbäuerlicher Käufer statt. Viele von ihnen gingen über den Weg der Ablösung zum effektiveren Lohnarbeitssystem über. Während es den meisten städtischen Käufern lediglich darauf ankam, die Güter gewinnbringend zu veräußern,[9] ging es dem Tabakmanufakturisten Johann Gottlob Nathusius – durch den Mangel seines Hauptrohstoffes Tabak dazu veranlaßt – von vornherein um Eigenbewirtschaftung des von ihm 1810 erstandenen Klostergutes Althaldensleben, welches er ein Jahr später mit dem von seinem Schuldner v. Alvensleben übernommenen Gut Hundisburg vereinte. Nathusius verband den Anbau von Tabak, Zuckerrüben, Zichorien, Kartoffeln, Getreide und anderen Nutzpflanzen mit der Errichtung von Anlagen zu deren Verarbeitung. In den folgenden Jahren entwickelte sich eine landwirtschaftlich-industrielle »Gewerbeanstalt«. Fabriken und Manufakturen für die Herstellung von Mehl, Gries, Graupen, Stärke, Öl, Malz, Bier, Essig, Likör wurden erbaut, dazu eine der ersten deutschen Rübenzuckerfabriken sowie die erste mitteldeutsche Fabrik, in der Spiritus aus Kartoffeln gewonnen wurde. Mit einer Steingutfabrik legte Nathusius den Grundstein für diesen heute bedeutenden Haldenslebener Industriezweig, erfolgreich betrieb er auch eine der ersten privaten Porzellanfabriken. Eine Eisengießerei, ein Kupferhammer gehörten ebenso zu diesem kombinierten Großunternehmen wie die erste – allerdings bald wieder aufgegebene – norddeutsche Maschinenfabrik. Einige tausend Arbeiter wurden beschäftigt; Dampfmaschinen kamen zum Einsatz.[10] Der Umfang und der besondere Charakter der »Gewerbeanstalt«, die Aufnahme so vieler damals neuer industrieller Ideen waren einmalig in Deutschland. Karl Immermann, selbst in Magdeburg geboren und aufgewachsen, hat diesem Pionier der Industriellen Revolution in seinem Romanwerk »Die Epigonen. Familienmemoiren in neun Büchern 1823 - 35« (erschienen 1825/36) ein literarisches Denkmal gesetzt.

Eine zwiespältige Wirkung ging – nicht nur für Westfalen, sondern ebenso in Anhalt und in den preußischen Gebieten – von der durch Napoleon am 21. November 1806 dekretierten Kontinentalsperre aus. Sie sollte den Hauptkonkurrenten Frankreichs, das bürgerliche England, an seinem empfindlichsten Nerv treffen. Die Einfuhr englischer Waren war verboten; selbst das Wenige, was bis nach Mitteldeutschland durchgeschmuggelt werden konnte, spürten häufig Beamte, von Polizei und Militäreskorten begleitet, in Speichern und Läden der Groß- und Kleinhändler auf. Im Ergebnis einer solchen Aktion wurden Ende November/Anfang Dezember 1810 in Halle, Halberstadt, Magdeburg und weiteren Orten die beschlagnahmten Waren – ballenweise Tuche und andere Manufakturerzeugnisse – öffentlich den Flammen übergeben.[11]

Gleichzeitig kam der Getreidehandel nach England und Spanien zum Erliegen. Doch erhöhte sich der Verdienst der Kornhändler in Magdeburg, der Branntweinbrenner in Quedlinburg, der altmärkischen Viehhändler und überhaupt aller, die Produkte herstellen und vermitteln konnten, welche die napoleonische und westfälische Armee benötigten. Der Ausfall von Manufakturwaren und – infolge der englischen Gegenblockade – auch von Überseeprodukten förderte Eigen- bzw. Ersatzproduktionen. Nicht allein Nathusius baute Tabak an und Runkelrüben zur Zuckergewinnung; in Quedlinburg begann in den privatisierten Stiftsgärten die Züchtung möglichst ertragreichen Rübensamens, aber auch anderer Sämereien, womit der Anstoß zur späteren Weltgeltung des Ortes in der Samenzucht gelegt war. Von der Zichorie (Chicoree), der bis dahin im Magdeburger Umland als Gemüse gebaut worden war, wurden die Bitterstoffe enthaltenden Wurzeln in speziellen Verfahren fabrikmäßig zu einem Kaffee-Ersatz verarbeitet, zu falschem Kaffee (mocca faux) oder Muckefuck.

Ein nicht unbeträchtlicher Teil des Bürgertums, auch von Gutsbesitzern war nicht nur aus politischen, sondern mehr noch aus wirtschaftlichen Motiven mit den von den Franzosen bestimmten neuen Verhältnissen keinesweg unzufrieden. Selbst das wohlhabendere Bürgertum empfand aber gleichermaßen wie die bäuerliche Bevölkerung die Steuern – ein Dutzend an der Zahl – als äußerst drückend. Dazu traten, vornehmlich an den Durchzugsstraßen und in den Garnisonsorten, enorme Belastungen durch Einquartierungen, Verpflegungs- und Vorspannverpflichtungen, die der französischen und westfälischen Armee geleistet werden mußten. Besonders schlimm fielen sie in Magdeburg aus; denn in der einzigen großen Festung des Königreiches lag das gesamte in Westfalen ständig stationierte und von den bürgerlichen Quartierwirten kostspielig zu unterhaltende französische Heereskontingent von zunächst 12 500, später 18 500 Mann.[12]

Von allen Rheinbundstaaten folgte das Herzogtum Anhalt-Köthen am stärksten dem westfälisch-französischen Vorbild. Am 1. Januar 1809 führte der für Napoleon begeisterte Herzog August Christian Friedrich den Code Civil ein; am 1. März 1811 ließ er eine der westfälischen nachgestaltete »Verfassung« verkünden. Gewaltenteilung, Repräsentivversammlung, Aufhebung adliger Privilegien wurden darin festgesetzt. Eine Verordnung vom 24. März 1811 legte die Feudalablösung ähnlich den westfälischen Dekreten fest. Nach dem Tode des Herzogs wurden aber am 28. Oktober 1812 alle Reformgesetze zurückgenommen.[13]

Das ostelbische Jerichower Land erlebte die Anpassung Preußens an dessen durch den eigenen Zusammenbruch und durch das Vordringen der bürgerlich-französischen Macht- und Gesellschaftsverhältnisse bis nach Nord- und Mittel- deutschland grundsätzlich veränderte innere und äußere Si- tuation. Den Adels- und Beamtenreformern, denen nun erst in der Stunde der Not wichtige Regierungsämter eingeräumt wurden, ging es vornehmlich darum, die Masse der bäuerlich- bürgerlichen Bevölkerung wirtschaftlich in die Lage zu verset- zen, die Lasten der Kontributionsverpflichtungen gegenüber Frankreich und der preußischen Rüstungen zu tragen sowie ihre Bereitschaft zu wecken, sich auch persönlich für die Stär- kung der preußischen Monarchie, für die Rückgewinnung ihrer verlorenen Gebiete und ihrer Großmachtstellung einzu- setzen. Diesem Ziel dienten die gesetzgeberischen Maßnah- men der Reformministerien Stein, Altenstein, Hardenberg. Auch im Burg-Genthiner Rest des Herzogtums Magdeburg mußten sie gegen teilweise erheblichen Widerstand des Land- adels verwirklicht werden: Aufhebung der Erbuntertänigkeit (Leibeigenschaft bis 1807); Möglichkeit der Ablösung der bäu- erlichen Feudallasten nach westfälischem Vorbild durch Ab- treten der Hälfte bzw. eines Drittels des Landbesitzes (1811); Einführung der Gewerbefreiheit (1810); Übergang zur städti- schen Selbstverwaltung (1808), die der Bürgerschaft einen größeren Einfluß auf die kommunalen Belange einräumte als die zentralistische Ordnung in Westfalen. Mit dem über- kommenen gutsherrlichen Polizei-, Gerichts-, Kirchen- und Schulregiment, mit dem Fortbestand des Gesindezwangsdien- stes blieben aber im Jerichower Land die lokalen Herrschafts- positionen des Adels unangetastet.[14]

Das Königreich Westfalen – und besonders sein vormals preußischer Teil mit der Hauptfestung Magdeburg – nahm in den Plänen, die auf die Abschüttelung der napoleonischen Fremdherrschaft in Deutschland gerichtet waren, einen be- sonderen Platz ein. Napoleon dagegen wies der Kontrolle der Elbelinie mit Magdeburg als Dreh- und Angelpunkt eine erst- rangige Rolle in seinem Konzept der militärischen Absiche- rung der nord- und mitteldeutschen Rheinbundstaaten, vor allem des westfälischen Königreiches, zu. Für Befreiungsbe- wegungen reiften die Bedingungen erst, nachdem 1808 die Spanier die Reihe der nationalen Unabhängigkeitskriege ge- gen Napoleon eröffnet hatten und ein Krieg Österreichs gegen Frankreich bevorstand. Zwei Drittel der westfälischen Armee wurden 1808 auf die Pyrenäen-Halbinsel dirigiert, von wo 7 bis 8 000 Soldaten, darunter mehr als tausend aus dem Elbe- und Saale-Department, nicht zurückkehrten. Auch ein Kontingent von 420 Anhaltinern verblutete im fernen Spanien. Anfang 1809 wurde die Magdeburger Garnison von Napoleon in den süddeutschen Aufmarschraum gegen Österreich kommandiert; das östliche Westfalen war fast gänzlich vom französischen Militär entblößt.

Noch bevor Österreich am 9. April den Krieg erklärte und der Volksaufstand in Tirol losbrach, ging der frühere preußische Hauptmann Karl Friedrich von Katte mit etwa 60 ehemaligen Soldaten und Offizieren, die in Havelberg, Rathenow und Umgebung geworben worden waren, in der Osternacht vom 2. zum 3. April bei Sandau über die Elbe. Mit Zuzug aus Ortschaften um Tangermünde und Stendal drang Kattes Schar von 200 Mann früh um vier Uhr in Stendal ein. Schon nach acht Uhr brach die durch einen Teil der in Osterburg, Seehausen, Salzwedel und Stendal gewonnenen ausgemusterten preußischen Soldaten verstärkte Freischar nach Wolmirstedt auf, von wo aus sie sich im Handstreich der Festung Magdeburg bemächtigen wollte. Es wurden jedoch einige Soldaten von einer französischen Patrouille aufgegriffen, womit das Überraschungsmoment nicht mehr gegeben war. Bei Rogätz ging Katte über die Elbe zurück.[15] Der preußischen König distanzierte sich in einer Bekanntmachung, die die »Magdeburgische Zeitung« nachdruckte, von dem Katteschen Unternehmen, stellte es als Tat »einiger bewaffneter Personen« dar, die es lediglich auf den Raub öffentlicher Kassen abgesehen hätten.[16] Diese Darstellung wiesen die Kasseler Behörden zurück: »500 Mann versammeln sich nicht mit Offizieren und in Uniform, ohne daß solches Vorgehen einen organisierten Plan erkennen ließe. Der Offizier von Katte und seine Truppe haben sich als Freischärler aufgeführt.[17] Zehn Soldaten aus Kattes Schar wurden im Juni 1809 in Magdeburg standrechtlich erschossen.

Major Ferdinand von Schill rückte am 27. April 1909 mit den 450 Husaren seines Regiments ohne Befehl von Berlin zu einer »Übung« aus; erst am folgenden Tag informierte er seine Einheit über das in der preußischen Kriegsgeschichte beispiellose Vorhaben. Im sächsisch-rheinbündischen Wittenberg erzwang das Freikorps den Elbübergang; am 2. Mai zog es in das anhaltisch-rheinbündische Dessau ein.[18] Dort erließ er einen Aufruf »An die Deutschen«. Über Köthen, wo der Herzog das Weite gesucht hatte, zog Schill am 3. Mai in Bernburg ein. Dort erfuhr er nicht nur von der Niederlage der Österreicher bei Regensburg, sondern auch, daß der König ihn vor ein Kriegsgericht stellen wollte. Obwohl Schill nun resignierte, beugte er sich dem Drängen seiner Offiziere, das Unternehmen fortzusetzen. Am 5. Mai drang die Truppe in das Königreich Westfalen ein, aber nicht um dort Krieg zu führen, sondern um über nichtpreußisches Gebiet zur Ostseeküste zu gelangen. Den durch westfälische Einheiten verstärkten Resten der Magdeburger Garnison lieferte Schill bei Dodendorf ein Gefecht. Militärisch sinnlos, endete es unentschieden; doch war es ein Achtungserfolg. General Michaud, der französische Festungskommandant von Magdeburg, schrieb an Marschall Davoust: »Der verwegene Schill fällt in unsere Länder ein... Seine Husaren kämpfen nicht wie gewöhnliche Soldaten, sondern wie Wahnsinnige... Kommen Sie mir zu Hilfe so schnell wie möglich!«[19] Von den 150 gefangengenommenen westfälischen Soldaten trat der größere Teil als Infanterie Schills Korps bei. Über Wanzleben, Neuhaldensleben, Tangermünde, Arneburg und Werben führte sein Zug bei Dömitz über die Elbe ins Mecklenburgische. Einzelne Kommandos, die Proviant, Pferde und Kassen requirieren sollten, waren in Halle, Quedlinburg, Halberstadt, Hadmersleben und Oebisfelde von der Bevölkerung unterstützt worden; mehrfach wurden die westfälischen Hoheitszeichen entfernt und dafür der preußische schwarze Adler an öffentliche Gebäude geheftet. Das Schillsche Korps wurde am 31. Mai in Stralsund, wo es englische Schiffe zu erreichen hoffte, im Straßenkampf überwältigt. Schill fand den Tod. Nicht nur Jérôme hatte am 5. Mai eine Achterklärung ergehen und zusätzlich 10 000 Taler auf Schills Kopf aussetzen lassen; auch Friedrich Wilhelm III. hatte seinen Regimentskommandeur am 15. Mai als »Deserteur« geächtet. Er rührte keinen Finger für die gefangenen Schillschen Offiziere, darunter den 1791 in Kriegsdorf (später Friedensdorf) bei Merseburg geborenen Adalbert v. Wedell; in der Festung Wesel wurden sie als »Straßenräuber« erschossen. In

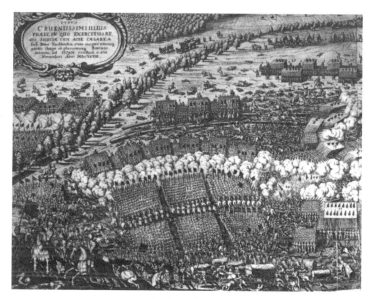

Schlacht bei Lützen

Braunschweig waren schon zuvor zwölf Soldaten hingerichtet worden.

Herzog Friedrich-Wilhelm v. Braunschweig-Lüneburg-Oels, der im nordböhmischen Nachod mit finanzieller Beihilfe der österreichischen Regierung und des vormaligen hessischen Kurfürsten ein Freikorps von 2 000 Mann aufgestellt hatte, operierte zunächst gegen die Rheinbundstaaten Sachsen und Bayern. Nach dem österreichisch-französischen Waffenstillstand am 12. Juli versuchte er, durch das Königreich Westfalen die Wesermündung zu erreichen. Am 26. Juli wurde das Korps in Halle von Handwerkern, Arbeitern und Studenten willkommen geheißen; ähnlich war es in Quedlinburg, das über Hettstedt und Eisleben am 29. Juli erreicht wurde. Noch am Abend des gleichen Tages nahm die »Schwarze Schar« unter erbittertem Kampf Halberstadt. 300 westfälische Soldaten beteiligten sich nun an den klugen militärischen Operationen, die das Korps fast vollzählig die Nordsee und die damals englische Insel Helgoland erreichen ließen. In Spanien setzte das Korps als Kern der dort aufgestellten »Deutschen Legion« den Kampf gegen Nepoleon fort.[20]

Nach den Aufständen von 1809 wollte Jérôme als König abdanken. Da aber Napoleon darauf nicht reagierte, versuchte er zunächst, das westfälische Regime durch den weiteren Ausbau bürgerlich-konstitutioneller Elemente zu stabilisieren. Die Staatsausgaben – darunter auch die Jérôme den Beinamen »Bruder Lustigk« einbringenden Aufwendungen für prunkvolle Hoffeste – konnten jedoch selbst mit weiteren Domänenverkäufen, erhöhten und außerordentlichen Steuern sowie mit Zwangsanleihen nicht gedeckt werden. Als der völlige Finanzbankrott drohte, erwartete Jérôme einen Ausweg allein in dem von Napoleon vorbereiteten Krieg gegen Rußland.

Die Nachrichten von den Niederlagen der Großen Armee in Rußland bewirkten aber in der Bevölkerung einen Umschwung von vorherrschender Resignation zur Hoffnung auf baldige Befreiung. Das VIII., aus Westfalen bestehende Armeekorps des Generals Vaudamme erlitt in Rußland grauenhaft hohe Verluste. Von 27 802 Mann wurden Ende Oktober nach dem Rückzug aus Moskau noch 7 000 bis 8 000 Mann gezählt. Hungernd, frierend, bettelnd und plündernd, erschöpft, auch auf preußischem Boden feindselig aufgenommen, kamen nicht einmal 600, meist verwundete und kranke westfälische Krieger zurück. Die Zahl der aus dem Elbe- und Saale-Department sowie aus Anhalt in Rußland Gebliebenen wird mit 6 000 bis 8 000 nicht zu gering angenommen sein.[21]

Erneut wurden das Elbe- und Saale-Department und die anhaltischen Herzogtümer im Frühjahrsfeldzug von 1813 zum Kriegsschauplatz: Preußen trat nach einigem Zögern am 16. März an der Seite Rußlands in den Krieg ein. Weder die Verbündeten noch Frankreich verfügten zu diesem Zeitpunkt über zureichende reguläre Streitkräfte, die ihnen eine Entscheidung erlaubt hätten. So suchte Napoleon sich nachdrücklicher noch als vordem, die Elbelinie mit den Festungen Hamburg, Dömitz, Magdeburg, Wittenberg, Torgau und Dresden als Rückhalt und Operationsbasis zu sichern und zugleich von hieraus Norddeutschland und besonders Westfalen zu decken. In Wittenberg befand sich seit dem 25. Februar 1813 für kurze Zeit das französische Hauptquartier in Deutschland; die königlich-sächsische Festung wurde seit Anfang März von russisch-preußischen Truppen unter General Kleist (v. Nollendorf) blockiert, weswegen der Festungsgouverneur am 6. April die Vorstädte abbrennen ließ. In Magdeburg waren auf Befehl Napoleons schon vom Februar bis April 1812 die frühere Neustadt teilweise und die Sudenburg gänzlich »demoliert« und neue Forts und Schanzen errichtet worden; nun wurden auf Weisung des Kaisers vom 5. Februar 1813 weitere Teile der Neustadt abgerissen. Insgesamt wurden in Sudenburg 155 und in der (Alten) Neustadt 506 Häuser dem Erdboden gleichgemacht, damit 1 546 bzw. rund 4 000 Einwohner ihrer Behausung beraubt.[22]

Marschall Eugène Beauharnais – Schwiegersohn Napoleons, Vizekönig von Italien und vorübergehend französischer Oberbefehlshaber in Deutschland – traf am 21. März in Magdeburg ein. Wenige Tage später ließ er den größten Teil seiner 40 000 Soldaten im östlichen Vorfeld zwischen Gommern und Möckern zum Vorstoß auf Berlin aufmarschieren. Hier kam es am 5. April zum ersten größeren militärischen Treffen des Unabhängigkeitskrieges, zum Gefecht bei Möckern. Bei den Dörfern Dannigkow, Vehlitz und Zeddenick siegten an diesem Tage die Verbündeten und erzwangen den Rückzug des Gegners hinter die Elbe. Die erste große Schlacht des

Befreiungskrieges fand am 2. Mai bei Großgörschen östlich von Weißenfels statt. Es war eine auf beiden Seiten äußerst verlustreiche Auseinandersetzung: 10 000 Tote und Verwundete bei den Preußen und Russen, 12 000 bei den Franzosen und Rheinbündlern. Im Ergebnis der Schlacht mußten sich die Verbündeten nach Böhmen und Schlesien zurückziehen, und Napoleon kam wieder in den Besitz der Elblinie.[23]

Auf beiden Seiten der Mittelelbe fanden Kämpfe statt, an denen Bewohner des Landes, deutsche Freikorps und russische Kosakeneinheiten beteiligt waren.[24] Im Februar und März 1813 bereits durchstreifte ein »Schreckenskorps aller Franzosen«, das aus desertierten westfälischen Husaren unter Leutnant Kuppermann bestand, das Saale-Department. Auf dem Marktplatz von Osterwieck wurde von ihm der hartherzige Steuereinnehmer vor Hunderten beifälliger Einwohner zur Rechenschaft gezogen. Ohne Unterstützung seitens der Bevölkerung mit Proviant und Pferden, nicht zuletzt mit Nachrichten über den Feind wäre das weite Vordringen des preußischen Streifkorps unter Major Friedrich von Hellwig mit 130 Husaren durch den Saalkreis bis nach Langensalza nicht möglich gewesen. Auch der Vorstoß des Lützower Freikorps in die Altmak, der russischen Streifkorps unter den Generalen Lanskoj und Tschernyschew bis in den Harz müssen auf diesem Hintergrund gesehen werden. Der in Magdeburg geborene Karl Friedrich Friesen hatte zusammen mit Friedrich Ludwig Jahn das »vaterländische Turnen« begründet, nun wurde er persönlicher Adjudant Lützows.[25] Im Mai besetzten zwei Schwadronen der Lützower Stendal Stadtkommandant wurde der Leutnant und Dichter von »Lützows wilder verwegnener Jagd«, Theodor Körner.

Auch im Herbstfeldzug anschließend an den von Mai bis August geltenden Waffenstillstand, blieben die östlichen Departments des Königreiches Westfalen Kampfgebiet.[26] Nach der Schlacht, die der französische Marschall Ney am 6. September bei Dennewitz nahe Wittenberg verloren hatte, erreichten die Verbündeten erneut die Elbe, vermochten sie aber nicht sogleich zu überschreiten. Zuerst gelang es der Nordarmee unter dem früheren französischen Marschall und nunmehrigen schwedischen Thronfolger Bernadotte, kleinere Brückenköpfe bei Aken, Roßlau und Elster zu gewinnen,

Magdeburger Halbkugel

welche über Schiffsbrücken zugängig waren. Als die Schlesische Armee unter Blücher und Gneisenau bei Mühlberg an den Fluß gelangte, hatten sie schon wieder aufgegeben werden müssen. Blücher ließ durch das Korps des Generals von Yorck am 3. Oktober Brücken bei dem Dorfe Elster südostwärts von Wittenberg schlagen und das gegenüberliegende, von Dämmen geschützte und von 16 000 Franzosen verteidigte Dorf Wartenberg unter großen Menschenverlusten erstürmen. Napoleon war gezwungen, die Elbelinie aufzugeben; Yorck wurde 1814 vom preußischen König zum »Grafen von Wartenberg« erhoben.

Napoleon beließ Garnisonen in den Elbfestungen, um die festen Brücken zu blockieren und gegnerische Truppen zu binden. Seine Hauptkräfte zog er im Saale-Pleiße-Gebiet für eine Entscheidungsschlacht zusammen. Es gelang ihm nicht, die strategisch entscheidende Vereinigung der verbündeten Truppen zu unterbinden: Das Gros der Schlesischen Armee stand am 11. Oktober bei Halle, nördlich davon befand sich die Nordarmee, vom Süden rückte die Hauptarmee mit den Österreichern heran. Nach der Leipziger Völkerschlacht vom 16. bis 19. Oktober 1813 mußte Halle an 8 000 Verwundete aufnehmen, von denen 2 500 verstarben; dem sich ausbreitenden Lazarett-Typhus fielen auch 1 500 Einwohner zum Opfer.

Die Elbe-Saale-Territorien waren nun befreit. Allein die Elbefestungen wurden weiter von napoleonischen Truppen gehalten. Im Gegensatz zu den seit September 1813 regelrecht belagerten sächsischen Festungen Torgau und Wittenberg wurde die weiträumige und stark bewehrte Festung Magdeburg zunächst nur locker von preußischen und russischen Einheiten blockiert.[27] Obwohl die Garnison nicht nur aus der näheren Umgebung, sondern aus dem gesamten Elbe- Saale- Oker- und Aller-Department im Laufe des Sommers erneut auf zwölf Monate verproviantiert worden war, kam es schon bald zu teilweise gewalttätigen Auseinandersetzungen der schlechter verpflegten westfälischen und sächsischen Soldaten mit den französischen; mehrmals desertierten ganze Einheiten deutscher Soldaten in voller Ausrüstung und am hellichten Tag. Nach der Völkerschlacht unternahmen die Franzosen aus Magdeburg zahlreiche Ausfälle, um sich Verpflegung, Brennmaterial und Fourage zu beschaffen. Die Bevölkerung in den Dörfern um Burg, Wolmirstedt, Haldensleben und Wanzleben wurde dadurch erneut schwer belastet. Nachdem das IV. preußische Armeekorps unter General von Tauentzien zusammen mit russischen Truppen im Dezember die Festung Torgau zur Kapitulation gezwungen und in der Nacht vom 12. zum 13. Januar 1814 Wittenberg gestürmt hatte, wurde der Blockadering um Magdeburg enger gezogen. Als Napoleon abgedankt hatte und in Paris Frieden geschlossen worden war, zog Mitte Mai die französische Garnison in Stärke von 18 000 Mann ab. Zuvor waren die Offiziere und Soldaten – nicht alle hatten sich dazu bereit gefunden – am 11. Mai auf dem Domplatz auf das Lilienbanner des neuen Bourbonenkönigs Ludwig XVIII. vereidigt worden. Unter dem Jubel der Einwohner rückten am 24. Mai 1814 die Alliierten in Magdeburg ein.

In den magdeburg-halberstädtischen, altmärkischen, anhaltischen und nord-sächsischen Gebieten, die 1806, 1809 und besonders 1813/14 vom Krieg so unmittelbar wie niemals zwischen dem Dreißigjährigen Krieg und dem Zweiten Weltkrieg heimgesucht wurden, war wieder Friede eingekehrt. Die Erleichterung und Freude der Bevölkerung war nach soviel Leid, Drangsal und Not groß. Friedenszeichen wurden in nicht wenigen Orten gepflanzt, zahlreiche Gedenktafeln und -steine den für die Unanbhängigkeit gefallenen Mitbürgern gesetzt. Damit verband sich für viele Menschen die durch Versprechen namentlich des preußischen Königs bestärkte Hoffnung, daß der wiedergewonnenen äußeren Unabhängigkeit verfassungsmäßig gesicherte bürgerliche Freiheiten im Innern folgen würden, daß aus dem gemeinsamen Kampf eine größere staatliche Gemeinschaft der Deutschen herauswachsen werde. Pastor Nagel in Gatersleben berichtete von der Erwartung, ja der Zuversicht des Volkes, »daß ein Rückfall in die früheren Gebrechen der Volksstellung und Landesverwaltung kaum mehr dankbar sein.«[28]

Die Gründung der Provinz Sachsen – aristokratische Restauration, national-liberaler Protest, städtische Kultur

Schon am 9. April 1813 hatte König Friedrich Wilhelm III. ein »Zivil- und Militärgouvernement für die Provinzen zwischen Elbe und Weser« einrichten lassen. Es sollte während des Krieges und bis zur Einführung einer neuen Verwaltungsorganisation die preußischen Belange in den eroberten westfälischen und anderen rheinbündischen Gebieten wahrnehmen. Zum Sitz dieser provisorischen Administration wurde zunächst Halle, Anfang Dezember aber Halberstadt bestimmt, da sich Magdeburg noch in der Hand der Franzosen befand. Der Zivilgouverneur Wilhelm Anton Klewitz entstammte einer Magdeburger Bürgerfamilie; als Mitglied des nach 1806 neugebildeten preußischen Staatsrats hatte er unter Stein und Hardenberg maßgeblich an der Ausarbeitung der Reformgesetze mitgewirkt. Während es den anhaltischen Herzogtümern gelang, in einem am 26. November 1813 in Frankfurt am Main mit Österreich, Preußen und Rußland geschlossenen Vertrag der über den Rheinbundstaaten schwebenden Gefahr der Auflösung und eines Anschlusses an Preußen zu entgehen, war die staatliche Existenz Sachsens – dessen König nach der Völkerschlacht gefangengesetzt worden war – mehr als ein Jahr lang ernsthaft bedroht. Allein der bis zur Kriegsdrohung reichende Widerstand Österreichs hinderte Preußen daran, das von ihm besetzte Königreich insgesamt zu annektieren und damit das Jahrhunderte währende Ringen um die Vormachtstellung in Mitteldeutschland mit der Liquidierung des Nachbarstaates zu beenden. Nach einem Vertrag vom 18. Februar 1814 durfte König Friedrich August zurückkehren, doch mußte er die größere nördliche Hälfte des Landes, allerdings ohne das von den Preußen besonders begehrte Leipzig, abtreten. Das neue Territorium, das von Nordthüringen bis zur Lausitz reichte und vor allem den Kurkreis Wittenberg und die ehemaligen Hochstifte Merseburg und Naumburg-Zeitz sowie den sächsischen Anteil an der Grafschaft Mansfeld umfaßte, wurde zunächst durch ein nun von Dresden nach Merseburg verlegtes preußisches »Generalgouvernement des Herzogtums

Sachsen« verwaltet.[29] Die »Verordnung wegen verbesserter Einrichtung der Provinzialbehörden« vom 30. April 1815 hatte schon zuvor die preußische Monarchie in zehn Provinzen eingeteilt, wobei als ein gänzlich neues Gebilde die »Provinz Sachsen« ins Leben trat.[30] Sie bestand im Norden und in der Mitte aus den altpreußischen Territorien der Altmark, des Herzogtums Magdeburg und des Fürstentums Halberstadt, dagegen im Süden vornehmlich aus neupreußischen, vormals vor allem königlich-sächsischen und – 1803 im Reichsdeputationshauptschluß an die Hohenzollernmonarchie gefallen – kurmainzischen Gebieten von der Schwarzen Elster bis zum Eichsfeld sowie Exklaven im Thüringer Wald (Suhl und Schleusingen) und im oberen Saaletal. Bis zum 1. April 1816 waren die Provinzialbehörden eingerichtet, die beiden provisorischen Gouvernements in Halberstadt und Merseburg aufgelöst. An der Spitze der Provinz stand der Oberpräsident, dessen Sitz sich in Magdeburg befand. In dieses hohe Amt wurde Friedrich von Bülow, der vormalige westfälische Finanzminister, berufen.

Die Provinzen waren in Regierungsbezirke unterteilt, bei deren Präsidien sich die Verwaltungskompetenzen konzentrierten. In Provinzialsachsen gab es drei Regierungen, die für »Niedersachsen« in Magdeburg, die für das »Herzogtum Sachsen« in Merseburg und die für »Thüringen« in Erfurt; später wurden die drei Regierungsbezirke nach ihren Hauptstädten benannt. Erst 1817 konnte deren administrative Unterteilung in insgesamt 41 Kreise abgeschlossen werden. Deren höchster Beamter war der Landrat. Die einheitliche, zentralistische Organisation der Provinz war ebenso wie die von historischen Bindungen und Entwicklungen weitgehend absehende Einteilung der Regierungsbezirke und Kreise ein Bruch mit der früheren feudaldynastischen Gliederung, die Preußen zuvor stets beibehalten hatte, wenn der Herrscher auf diese oder jene Weise einen neuen Besitztitel erwarb.

Noch Jahrzehnte lang bezeichneten sich die Bewohner des vormals königlich-sächsischen Territoriums als »Mußpreußen«. Den Unwillen sächsischer und thüringischer Bürger- und Adelskreise erregte die 1817 erfolgende Zusammenlegung der Wittenberger Universität mit der in Halle zur »Vereinigten Friedrichs-Universität zu Halle-Wittenberg« sowie die schon 1816 angeordnete Aufhebung der alten Erfurter Alma mater, an der zuletzt 27 Professoren ganze 14 Studenten unterrichtet hatten. Auch der aus der westfälischen Zeit übernommenen Verbindung der altmärkischen und magdeburgischen Gebiete in einem Verwaltungsbezirk widersprach nicht nur der Adel; vielen Altmärkern widerstrebte die Trennung von der Kurmark (nur Provinz Brandenburg), zu der sie viele Jahrhunderte gehört hatten. Die Provinz Sachsen stellte ein aus vorwiegend machtpolitischen Motiven entstandenes Kunstgebilde dar, ein Konglomerat von drei Dutzend alt- und neupreußischen Territorien. Ihr fehlte auch ein Zentrum als Integrationskern: administrativer Mittelpunkt war Magdeburg, kultureller Halle mit der Universität, der Landtag bekam seinen Sitz in Merseburg. Die Altmärker blieben weiter nach Berlin und Potsdam orientiert, die Sachsen zwischen Elsterwerda und Naumburg blickten nach Dresden und Leipzig, die vormaligen Kurmainzer zwischen Harz und Thüringer Wald bildeten ein beziehungsloses Anhängsel. Doch bestanden wenigstens im Mittelelbe-Saale-Harz-Raum (sogar Anhalt eingeschlossen) auch manigfaltige politisch- und kulturell-historische Berührungen, Verknüpfungen und Gemeinsamkeiten schon über Jahrhunderte hinweg. Und neben der zentralistischen Administration und dem gemeinsamen Militärdienst in der preußischen Armee förderten in der folgenden Zeit vor allem die integrierenden und nivellierenden Wirkungen der kapitalistischen Marktwirtschaft, namentlich von Industrie und Verkehr, zunehmend Annäherung, Angleichung und Zusammenwachsen der Provinz. Doch dauerte es Jahrzehnte, bis sich Ansätze eines Gemeinschaftsgefühls, eines »Provinzialbewußtseins«, zu äußern begannen.

Der Übergang von feudalen zu bürgerlichen Verhältnissen war in den einzelnen Teilen der neuen Provinz ganz unterschiedlich weit vorangekommen. So wichen die den Entwicklungsstand dieses Prozesses widerspiegelnden und seinen Fortgang regelnden Rechtsbestimmungen ganz erheblich voneinander ab. Im ostelbischen Jerichower Land galten neben den altpreußischen Gesetzen, besonders dem Allgemeinen Landrecht von 1794, die preußischen Reformverordnungen. Für die westelbischen, schon früher preußischen Gebiete hatte der König im Publikationspatent vom 9. September 1814 alle ver-

Friedrich Wilhelm, der Große Kurfürst

fassungsmäßig zustandegekommenen Rechtsakte der westfälischen Regierung prinzipiell anerkannt. Ebenso hatte er im Besitzergreifungspatent für das Herzogtum Sachsen im Juni 1815 versprochen, die dort bestehenden Rechts- und Besitzverhältnisse zu achten. Auch behielten viele gesetzliche Regelungen in den halberstädtischen, magdeburgischen, merseburgischen, weißenfelsischen, kurmainzischen und anderen Teilgebieten, die aus deren vorpreußischer bzw. vorsächsischer Zeit stammten, ihre Gültigkeit. Erst in einem Jahrzehnte währenden, entscheidend durch die Revolution von 1848/49 geförderten Prozeß von Rechtsangleichungen in der Provinz bzw. durch Rechtsneusetzungen für die gesamte Hohenzollernmonarchie löste sich dieses Wirrwarr auf.

Nicht nur in der Bewährung, sondern noch mehr in der Wiederherstellung alter Einrichtungen und Verfahren äußerten sich die 1814/15 einsetzenden Bestrebungen zu einer Restauration der Fürsten- und Adelsmacht. Durch königliches Patent vom 9. September 1814 war für die früher preußischen Landesteile links der Elbe die alte, von der Stein-Hardenbergischen Reformgesetzgebung in Rumpfpreußen unangetastet gebliebene Gerichtsordnung wieder in Kraft gesetzt worden. An Stelle des bürgerlichen Code Civil und der darauf beruhenden westfälischen Gerichtsverfassung trat erneut das den Adel bevorrechtende Allgemeine Preußische Landrecht. Die Gerichtsverhandlungen waren nicht öffentlich. Vielfach entschied ein Einzelrichter auf der Grundlage schriftlicher Anzeigen und Aussagen. Bis 1849 wurden für geringere Delikte und besonders bei Zahlungsunfähigkeit noch entehrende Körperstrafen verhängt und teilweise öffentlich vollzogen: je nachdem ob der Verurteilte Kind, Frau oder Mann war durch 10 bis 25 Rutenstreiche, Stockhiebe oder Peitschenschläge. Ebenso wurde bisweilen mittelalterliches Prangerstehen mit einen das Vergehen bezeichnenden Schild um den Hals bestimmt. Auch ließ man in einzelnen Fällen – so in Magdeburg in der Zitadelle oder vor dem Krökentor – das für schwere Vergehen festgesetzte Rädern, Hängen oder Enthaupten mit dem Beil öffentlich vollstrecken. Die guts- bzw. grundherrliche Patrimonialgerichtsbarkeit wurde rekonstruiert und blieb bis 1848 erhalten. Nach einer Zählung von 1839 bestanden in der Provinz 682 Patrimonialgerichte, die für mehr als ein Viertel der Bevölkerung zuständig waren. Nach wie vor oder wieder saßen die zugleich das Polizeirecht, die Kirchen- und Schulaufsicht ausübenden Großagrarier über die in ihrem Gutsbezirk lebenden Menschen zu Gericht: Ankläger, Richter und Vollstrecker in einer Person.

Die politische Restauration fand am deutlichsten darin Ausdruck, daß die Preußen anstelle einer 1815 vom König versprochenen Verfassung und »Repräsentation des Volkes« nun in »landesväterlicher Huld und Vertrauen« mit Vertretungskörperschaften der einzelnen Provinzen abgefunden wurden, die nicht auf dem Grundsatz der Gleichberechtigung der Staatsbürger beruhten, sondern lediglich das spätmittelalterlich-vorabsolutistische Ständeprinzip erweiterten. Der durch Gesetz vom 1. Juli 1823 gebildete sächsische Provinziallandtag setzte sich aus Vertretern von vier Ständen zusammen. Zum »ersten Stand« der Grafen, Prälaten und Herren gehörten allein die Grafen der drei stolbergischen Linien, je ein Vertreter der Domkapitel Merseburg und Naumburg sowie der Herzog von Anhalt-Dessau für das Amt Walternienburg. Den zweiten bildeten 29 Vertreter der Ritter (Gutsbesitzer). In den dritten wählten die rund 100 Städte 24 Abgeordnete. In den »vierten Stand« durften die vielen hundert Landgemeinden, Guts- und Erbpächter ganze 13 Deputierte entsenden. Voraussetzung für die Wählbarkeit war ein wenigstens zehnjähriger ununterbrochener Besitz von Grundeigentum, so daß die meisten bürgerlichen Intellektuellen, selbst viele wohlhabende kapitalistische Manufaktur- und Fabrikbesitzer nicht gewählt werden konnten. (Für staatliche Beamte und Magistratsmitglieder gab es dagegen Ausnahmeregelungen.) Da alle Beschlüsse des Landtages der Zweidrittelmehrheit bedurften, vermochten die beiden Adelsstände, die eine verschwindende Minderheit der Bevölkerung vertraten, jede ihnen mißliebige Entscheidung zu verhindern. Auch durfte die Provinzialständevertretung sich auf eigene Initiative lediglich mit bestimmten Angelegenheiten der Provinz befassen. Vornehmlich trat sie zusammen, um sich zu Gesetzvorlagen zu äußern, die ihr von der Krone unterbreitet wurden, jedoch nicht um darüber zu entscheiden. Allein auf dem Wege von Petitionen an den König, von Bitten also, vermochte der Landtag allgemeine und spezielle Anliegen an das preußische Staatsministerium heranzutragen. Der König entschied, ob, wann und wie lange der Landtag berufen wurde, ebenso ob die Petitionsinhalte aufgegriffen wurden oder nicht. Eine mit parlamentarischen Rechten ausgestattete Vertretung der Provinz war der Landtag keineswegs. Es war ein an Bedeutung zunehmender innenpolitischer Streitpunkt, ob mit den Provinzialständen die Versprechen von 1815 erfüllt waren oder nicht. Der Landtag wurde lediglich 1825, 1827, 1829, 1933, 1837, 1841, 1843 und 1845 jeweils für wenige Wochen zusammenberufen.[31] Der Altmark wurde 1825 – an die früheren altmärkischen Kreisstände anknüpfend – vom König ein besonderer »Kommunallandtag« zugestanden. Alle Besitzer der mehr als 150 Rittergüter waren berechtigt, einen Platz als Mitglied des »ersten Standes« einzunehmen. Die acht Städtevertreter mußten Magistratsmitglieder sein, und sie bedurften wie die nur vier Abgeordneten des Bauernstandes der Bestätigung durch den Oberpräsidenten. Der Adel – voran die einflußreichen Familien derer von Alvensleben, von der Schulenburg, von Itzenplitz, von Bismarck – reservierte sich, als hätte es ein 1789 und 1806 nicht gegeben, arrogant die Vertretung einer ganzen Region. Und, nicht den Landtag der eigenen Provinz Sachsen beschickten die Altmärker, sondern den der Provinz Brandenburg mit vier Abgeordneten der Ritterschaft, drei der Städte und zwei der Landgemeinden. Noch stärker waren die mit der Kreisordnung von 1827 eingerichteten Kreistage eine Domäne des Adels. Selbst in den 60er Jahren bestanden sie in Provinzialsachsen insgesamt aus 1 008 Rittergutsbesitzern und nur 190 Stadt- sowie 174 Landgemeindevertretern.

Die Zeit zwischen 1815 und 1830 war aber nicht nur durch Beharrung und Rückschritt gekennzeichnet; es ist nicht gerechtfertigt, den Übergang von der Reform- zur Restaurationszeit mit der Vorstellung einer grundsätzlichen Umkehr zu verbinden. Letztlich bedeutet Reform wie Restauration Wiederherstellung; doch verbindet sich mit dem einen Begriff eine erneuernde, mit dem anderen eine bewahrende. Mit den Gesetzen vom 25. September 1820 und vom 21. April 1825 wurde versucht, die gutsherrlichen und bäuerlichen Verhältnisse in den vormals westfälischen Gebieten an die ostelbischen anzupassen. Doch bedurfte es 1829 einer weiteren speziellen Ablösungsordnung. Auf der Basis freiwilliger Vereinbarungen zwischen den Betroffenen konnten die Lasten und Dienste des Bauern sowie das Obereigentum des Grundherren unter Aufsicht einer für die gesamte Provinz zuständigen Generalkommission in Stendal abgelöst werden. Die Gemeinheitsteilungsordnung vom 7. Juni 1821 ermöglichte die Überführung der bisher kollektiv oder abwechselnd genutzten Weide- und Waldflächen in Privateigentum. Da die Teilungen nach dem Umfang des Ackerbesitzes vorgenommen wurden, profitierten davon Gutsherren und Großbauern; sie waren daher fast immer auch die Antragsteller. Mit dem Übergang der früheren Allmende in Privateigentum fielen die hergebrachten Hutungs- und Holzleserechte fort, welche die landarmen und landlosen Bauern der Dorfgemeinden, aber auch die Einwohner der vielen Ackerbürgerstädte bisher hatten wahrnehmen können.[32] Holzdiebstahl, eigentlich nur die fortgesetzte Inanspruchnahme des jahrhundertealten Rechts des Holzsammelns, rangierte ebenso wie Felddiebstahl, zumeist lediglich die bislang selbstverständliche Entnahme von Grünfutter und Ernteresten für das Kleinvieh, von nun an in den Gerichtsstatistiken an erster Stelle – zehntausende Verfahren jährlich in der Provinz. Besonders in den ausgedehnten Wäldern des Harzes war auch die Wilddieberei ein häufig verfolgtes Delikt, welches aber bei der minderbemittelten Bevölkerung mit einem heldenähnlichen Nymbus umgeben war und über abenteuerlich ausgeschmückte Erzählungen im Familienkreis und im Wirtshaus den Weg in die Trivialliteratur fand.

Während in den jerichower und in den zeitweise westfälischen Territorien die Agrarreformen weitergeführt wurden, leiteten in den vormals sächsischen die dort 1819 verfügte Aufhebung der Erbuntertänigkeit sowie die für ganz Preußen geltenden Gemeinheitsteilungs- und Ablösungsverordnungen von 1821 den Umgestaltungsprozeß überhaupt erst ein. In den anhaltischen Herzogtümern dagegen stagnierten – wie in anderen deutschen Staaten – sowohl gesetzliche wie praktische Initiativen. Lediglich in Anhalt-Bernburg wurde 1839 – an das preußische Verfahren angelehnt – ein Hutungs-, Ablösungs- und Separationsgesetz erlassen, desweiteren ein Gesetz über die Ablösung der Natural-, Frucht- und Fleischzehnten. Die Aufhebung der Zwangsdienste wurde im Jahr darauf geregelt. Während sich die gewerbliche Wirtschaft im nördlichen Teil der Provinz auf der Grundlage der Gewerbefreiheit entfalten konnte, blieben in den vormals sächsischen Teilen die Zunftschranken bis zum Erlaß der preußischen Gewerbeordnung von 1845 erhalten. Stärker als in den anderen Gebieten überwog daher hier in den Städten noch lange der ganz kleine Handwerksbetrieb ohne oder nur mit einem Gesellen. 1825 wurden in der gesamten Provinz 41 849 »gewerbliche Künstler und Handwerker« gezählt, die zusammen nur 28 691 Gehilfen beschäftigten. Der Fall der Kontinentalsperre und die danach einsetzende Schwemme angestauter englischer Industrie- und »Kolonialwaren« verschlechterten den Absatz für wichtige Gewerbezweige, die schließlich der Konkurrenz der billigeren, zum Teil auch qualitativ besseren Importprodukte nicht gewachsen waren. Die gerade erst gegründeten Rübenzuckerfabriken mußten eine nach der anderen binnen weniger Jahre den Betrieb einstellen. Die traditionelle, unter dem Schutz der Kontinentalsperre noch einmal aufgeblühte Textilherstellung erlitt einen dauernden Rückschlag. Eine Ausnahme bildete die schon fabrikmäßig in Eilenburg und Zeitz erfolgende Baumwollverarbeitung, voran die Kattundruckerei Bodemer mit 405 Arbeitern und rund tausend heimproduzierenden Webern. Während anderwärts das Textilgewerbe die Starterrolle für die Industrielle Revolution innehatte, konnte sie diese in Provinzialsachsen und Anhalt unter den bestehenden Umständen nicht übernehmen.[33]

Neben Hemmnissen und Deformationen, denen die gesellschaftliche Umgestaltung unter der Adelrestauration ausgesetzt war, bildete vor allem die Enttäuschung über die nicht eingelösten Verfassungs- und Einheitsversprechen der Monarchen den Ansatzpunkt für eine national-konstitutionelle, hauptsächlich vom Stadtbürgertum getragene liberale Opposition. Am stärksten trat sie zunächst in den vom Königreich Sachsen abgetrennten südlichen Kreisen der Provinz hervor. Ein 1815 in Naumburg gebildeter »Deutscher Bund« und 1817 eine Unterschriftensammlung für eine »Nationaladresse« an die Diplomatenversammlung der Monarchen und Freien Städte, den Deutschen Bundestag in Frankfurt am Main, begehrten eine Bundesverfassung bzw. die sofortige Einführung landständischer Verfassungen nach dem Vorbild des benachbarten Sachsen-Weimars. Die Initiativen dazu waren von den hauptsächlich im Rhein-Main-Gebiet entstandenen »Deutschen Gesellschaften« ausgegangen. Diese hatten auch die Nationalfestbewegung ausgelöst, die mit »Allerdeutschenfesten« zum Jahrestag der Leipziger Völkerschlacht das Zusammengehörigkeitsgefühl der Deutschen stärken sollte. An den mit einheitlichem, von Ernst Moritz Arndt entworfenem Programm am 18. und 19. Oktober 1814 erstmals veranstalteten Feiern beteiligten sich unter anderem Burg, Halle und Magdeburg; in Anhalt-Dessau und Anhalt-Köthen hatte sogar der Landesfürst dazu aufgerufen.[34] Am 1. November 1814 trat an der Universität Halle mit der »Teutonia« eine neuartige Studentenverbindung ins Leben, die einen Übergang von den bisher das Studentenleben prägenden exklusiven Geheimorden und Landsmannschaften zur auf den Zusammenschluß aller Studenten hinwirkenden (Ur-)Burschenschaft bildete. Die »Teutonia« wählte unter dem Eindruck der nationalpatriotischen Begeisterung von 1813/14 die Losungsworte »Freiheit, Ehre, Vaterland«. In ihrem Namen sollte die Abkehr von regionaler Sonderung ausgedrückt werden, doch übernahm sie die (preußischen) Farben Schwarz-Weiß und verkündete Anhänglichkeit an das (preußische) Herrscherhaus.[35] Die »Teutonia« und die »Jenaische Burschenschaft« vereinbarten auf einem Pfingstkonvent 1817 in Naumburg, die Studentenschaften der deutschen Universitäten aus Anlaß des 300. Jahrestages der Reformation und des 4. Jahrestages der Leipziger Befreiungsschlacht zum Wartburgfest zu versammeln. Die am 12. Januar 1818 konstituierte »Burschenschaft zu Halle« war aktiv an der Gründung des Dachverbandes der »Allgemeinen Deutschen Burschenschaft« am 18. Oktober 1818 in Jena beteiligt, welche ihrer Verfassung voranstellte: »Ein Deutschland ist, soll sein und bleiben.«[36]

Mit der burschenschaftlichen Bewegung personell und programmatisch eng verbunden war das »vaterländische Turnen«, welches auf Johann Christoph Friedrich GutsMuths aus Quedlinburg, Karl Friedrich Friesen aus Magdeburg und den – von der Restauration jahrelang unschuldig inhaftierten und von 1825 bis zu seinem Tode 1852 mit kurzen Unterbrechungen in Freyburg an der Unstrut lebenden – Friedrich Ludwig Jahn zurückgeht. Eine der ersten Turngemeinden der Provinz entstand schon 1814 in Biederitz bei Magdeburg auf Initiative eines vormaligen Mitgliedes des »Tugendbundes«, des Predigers Massow. 1816 richtete der Inhaber der privaten Magdeburger Handlungsschule, Friedrich August Winkelmann, vor den Toren der Stadt eine »Turnschule«, also einen Turnplatz, ein. Daß er die Turner am 18. Oktober 1816 zur Erinnerung an die Völkerschlacht mit Musik durch die Straßen marschieren ließ, gehört in die Reihe der Nationalfeste und brachte ihm eine Rüge des Festungskommandanten ein.[37] Nach den Karlsbader Beschlüssen setzte Ende 1819 die »Demagogenverfolgung« ein; alle deutsch-patriotischen und liberal-konstitutionellen Äußerungen und Organisationsbestrebungen wurden von den Restaurationspolitikern als angeblich auf den »revolutionären Umsturz der bestehenden Ordnung« gerichtete »demagogische Umtriebe« diffamiert und kriminalisiert, schließlich unterdrückt. Die Burschenschaften und das Turnen waren ebenso wie politische Versammlungen und Feste verboten.[38] Die restaurative und interventionistische Politik der Hauptmächte der 1815 gebildeten »Heiligen Allianz« von Rußland, Österreich und Preußen gegenüber den Freiheits- und Einheitsbewegungen in Italien, Spanien und Griechenland hatte unbeabsichtigt zur Folge, daß sich die Burschenschaften wie die frühliberale deutsche Opposition überhaupt aus der »deutschtümelnd«-nationalistischen Enge befreiten, in die sie durch die antifranzösische Propaganda während und nach dem Befreiungskrieg geraten waren. Die sich mit dem Unabhängigkeitskampf der Griechen gegen die türkische Herrschaft solidarisierende philhellenistische Bewegung in Deutschland hatte in Dessau ein Zentrum. Der damals schon bekannte Dichter Wilhelm Müller, der dort als Bibliothekar und Gymnasiallehrer angestellt war, bekundete seit 1821 in seinen »Griechenliedern« nicht allein Mitgefühl mit den kämpfenden Griechen. Er prangerte zugleich die restaurative Politik der »Heiligen Allianz« an und verkündete Hoffnung auf Befreiung von der deutschen Fürstenherrschaft. In die Literaturgeschichte ist der Dichter von »Am Brunnen von dem Tore«, »Das Wandern ist des Müllers Lust«, »Im Krug zum grünen Kranze« sowie der von Franz Schubert vertonten Liederzyklen »Die schöne Müllerin« und »Die Winterreise« darum als Griechen-Müller eingegangen. Nachdem die frühromantische Dichtung um 1800 auf Johann Friedrich Reichardts Gut

Giebichenstein bei Halle eine Herberge gehabt hatte, fand sich nun am nördlichen Harzrand ein Kreis romantischer Maler. Die Harz- und Brockenbegeisterung erreichte nach einem, vom aufklärerischen Zurück zur Natur des Sturm und Drangs bestimmten Höhepunkt einen zweiten, romantisch-patriotisch geprägten, welcher den Schönheiten der heimatlichen Landschaft – gegenüber der Bevorzugung der italienischen durch die Klassik – ebenso galt wie »dem Deutschsten aller Gebirge und Berge«. Schon 1811 hatten Caspar David Friedrich und Georg Friedrich Kersting den östlichen Teil des Gebirges durchstreift.

Die Frucht von Heinrich Heines Wanderung von Göttingen bis in den anhaltischen Ostharz im Jahre 1824 war seine »Harzreise« mit der Lobpreisung von Ilse, Bode und Selke. Im Zusammenhang mit dem Auftrag, in der zehnbändigen Reihe »Das malerische und romantische Deutschland« die »Wanderungen durch den Harz« mit Vorlagen für Stahlstiche auszustatten, reiste Ludwig Richter 1836 – später wieder 1842 und 1854 – mit dem Skizzenblock durch das Gebirge. Er besuchte in Ballenstedt seinen Dresdener Freund Wilhelm von Kügelgen, der als Hofmaler und Vertrauter in den Diensten des dort residierenden letzten Herzogs von Anhalt-Bernburg stand und der mit den »Jugenderinnerungen eines alten Mannes« eine der bemerkenswertesten Autobiographien des 19. Jahrhunderts hinterlassen hat. Die in Dessau geborenen Brüder Ferdinand, Heinrich und Friedrich Oliver gehörten zu den Mitgründern des Lukasbundes in Wien und der Nazarener-Gemeinde deutscher Maler in Rom. Mit einem Stipendium des anhalt-dessauischen Herzogs Franz und dem Auftrag, die Ausmalung der Wörlitzer Kirche vorzubereiten und danach auszuführen, waren sie zuerst nach Paris gereist. Inniges Nachstreben der altdeutschen und altitalienischen Schule sowie christlich-religiöse Inhalte bestimmten ihr Schaffen, doch sind sie zugleich Wegbereiter deutscher Landschafts- und Porträtmalerei in der ersten Hälfte des 18. Jahrhunderts geworden. Das Schaffen von Christian Friedrich Gille aus Ballenstedt war ebenso wie das der anderen am Harz lebenden und schaffenden Landschafts-, Architektur- und Porträtmaler vom Dresdener Romantikerkreis beeinflußt. Wilhelm Steuerwaldt in Quedlinburg, Carl Adolf Hasenpflug in Halberstadt, Ernst

Helbig in Wernigerode sowie Georg Crola und seine Frau Else in Ilsenburg gaben natur- und geschichtsverbundenen Gedanken und Gefühlen künstlerischen Ausdruck.[39] Hasenpflug bereitete mit seinen Gemälden der Dome in Magdeburg, Halberstadt und Erfurt der Denkmalspflege – u.a. auch der Fertigstellung des Kölner Domes – den Weg. Gefördert durch Klewitz, der nach einer Tätigkeit als preußischer Finanzminister von 1825 bis 1837 Oberpräsident der Provinz Sachsen war, und beraten von Karl Friedrich Schinkel erfolgte zwischen 1826 und 1834 die erste umfassende Restaurierung eines bedeutenden mittelalterlichen Kirchengebäudes, des Magdeburger Domes. Doch wurde zu gleicher Zeit 1832 die ottonische Stiftskirche in Gernrode versteigert und als Viehstall, Kartoffel- und Kornspeicher benutzt (Restaurierung 1859 - 1865).

Zahlreiche Musik-, Gesangs- und Museums- und Kunstvereine wurden damals gegründet. Großen Teilen des Stadtbürgertums eröffnete die Musikfestbewegung den Zugang zur klassischen und romantischen Musik. Seit 1810 veranstalteten, von Frankenhausen ausgehend, zunächst die Städte um den Harz – Erfurt, Sangerhausen, Quedlinburg – Treffen von Orchestern und Gesangsvereinen, die besonders der Aufführung Haydenscher und Händelscher Oratorien gewidmet waren. Auf hohem Niveau standen die von dem 1825 in Bernburg gegründeten und in Deutschland zeitweise führenden »Verein für die Musikfeste des Landes an der Elbe« veranstalteten und von Tausenden besuchten Orchester- und Chorkonzerte: zuerst in Magdeburg 1825, danach in Zerbst, Halberstadt, Nordhausen, Halle, Dessau und Braunschweig.[40]

Am 3. Oktober 1819 wurde in einer Versammlung auf Burg Saaleck bei Kösen der »Thüringisch-Sächsische Verein für die Erforschung des vaterländischen Alterthums und seiner Denkmale« als erster territorialer deutscher Geschichtsverein gegründet. Der für die Provinz zuständige Verein hat der regionalen und lokalgeschichtlichen Forschung in diesem so außerordentlich geschichtsträchtigen Gebieten bedeutende Impulse verliehen. Zunächst hatte der Geschichtsverein in Naumburg, ab 1822 dann in Halle in Verbindung mit der Universität seinen Sitz.

Franckesche Stiftungen, Halle

Die Industrialisierung – Rübenzucker, Braunkohle, Kalidünger und Eisenbahn

In Provinzialsachsen und in Anhalt wurden die grundlegenden Wandlungen der Wirtschafts- und Lebensverhältnisse – welche neben der Revolution von 1848/49 und der Reichsgründung zwischen 1864 und 1871 dem zweiten Drittel des 19. Jahrhunderts einen besonderen Platz in der neueren deutschen Geschichte gegeben haben – schneller und umfassender vollzogen als in den meisten anderen Teilen Deutschlands. Das war auf das Zusammenspiel allgemeiner und regional-spezifischer Ursachen, Bedingungen und Impulse zurückzuführen, die hier zur Entfaltung der Rübenzucker-, der Braunkohlen- und der Kalisalzproduktion, auch zu einer grundlegenden Modernisierung des Verkehrswesens führten. Am Anfang standen als auslösende Momente die Auswirkungen der Julirevolution und die Gründung des Deutschen Zollvereins.

Die von Frankreich im Juli 1830 ausgehende, Belgien, Polen und andere Länder umfassende Welle von Revolutionen leitete eine neue Etappe im Siegeszug der bürgerlich-kapitalistischen Modernisierung in Europa ein. Im Gegensatz zu den meisten anderen Staaten des Deutschen Bundes wurde Preußen zwischen 1830 und 1832 von Revolutions-, Reform- Verfassungs- und Pressebewegungen, von Arbeiter-, Gesellen- und Bauernunruhen nur in geringem Maße erfaßt – eine Ausnahme bildete aber die Provinz Sachsen. Das konnte insofern nicht verwundern, als Provinzialsachsen im Süden wie im Westen direkt an die Zentren der revolutionären Erhebungen – Sachsen, Sachsen-Altenburg, Kurhessen, Braunschweig und Hannover – angrenzte. Das Spektrum der oppositionellen Aktionen reichte 1830 von Maueranschlägen und Drohbriefen – Burg, Eilenburg, Freyburg, Magdeburg, Salzwedel, Tangermünde, Treffurt, Ziesar -, über Studentenproteste in Halle und Schülerverschwörungen in Magdeburg, Mühlhausen und Nordhausen bis zu sozialen Unruhen und Volksaufläufen, die aus Erfurt, Gräfenhainichen, Langensalza, Quedlinburg und Wernigerorde gemeldet wurden.[41] Die schärfste Tonart wurde im Jerichower Land angeschlagen; Höhepunkt der provinzialsächsischen Unruhen war der durch Miet- und Lebens-

mittelteuerung ausgelöste Aufstand der Burger Tuchmacher-
gesellen, gegen den 800 Soldaten der Magdeburger Garnison
aufgeboten werden mußten.[42] Zwar wurde mit den Bundestags-
beschlüssen vom 28. Juni und 5. Juli 1832 – verschärftes Verbot politischer Vereine und Versammlungen, noch strenger
Vorzensur für die Presse, Beschränkung der Landtagskompe-
tenzen – eine neue Reaktionsperiode eingeleitet, doch sahen
sich die Adelsregime nun bewogen, dem Besitzbürgertum
wirtschaftspolitische Zugeständnisse zu machen. Von Preußen
ging dazu die folgenreichste Initiative aus, die Gründung des
Deutschen Zollvereins. Schon durch Gesetz vom 28. Mai 1818
hatte die Berliner Regierung die innerpreußischen Zölle –
darunter auch die in Provinzialsachen bestehenden unterschiedlichen westfälischen, sächsischen, mainzischen und anderen Tarife – aufgehoben. Den von preußischen Gebieten
fast gänzlich umschlossenen drei anhaltischen Herzogtümern
mit ihren rund 150 000 Bewohnern wurde eine Durchgangs-
freiheit für Waren zugestanden. Die sich darauf entfaltenden
Schmuggelgeschäfte anhaltischer und preußischer Untertanen – voran von Magdeburg und hallischen Kaufleuten, die
große Mengen zollfrei nach Anhalt eingegangene Importwa-
ren mit übernormalem Gewinn in der Provinz absetzten – pro-
vozierten einen Zollkrieg, der als »Anhaltische Enklavensache«
bis vor den Frankfurter Bundestag ging. Erst mit dem Beitritt
von Bernburg (1826) sowie Dessau und Köthen (1828) zum
preußischen Zollverband wurde die Auseinandersetzung beendet und zugleich das wirtschaftliche Zusammenwachsen
Anhalts und der Provinz Sachsen gefördert.[43] Mit der Elbschiffahrtsakte vom 23. Juni 1821 fielen sämtliche Stapel- und
Umschlagrechte der Elbestädte sowie die Privilegien der Schif-
fer. Die nun einheitliche Schiffahrtsabgabe – ein Elbzoll für
die Ladung und eine Rekognitionsgebühr für das Fahrzeug –
verbilligte und erweitere den Flußtransport erheblich.

Da die Elbschiffahrtsakte auch den Ausbau des Stromes
bestimmt hatte, konnten mehr und größere Schiffe auf der
Elbe verkehren, in Provinzialsachsen erhöhte sich die Zahl der
Lastschiffe von 1825 bis 1831 von 577 auf 768. Seit den 20er
Jahren wurde auf der Grundlage des preußischen Chaussee-
bauplanes von 1817 der Ausbau von »Kunststraßen« in der
Provinz vorangetrieben. Die Chausseen waren geschottert, hat-

ten daneben einen unbefestigten »Sommerweg«, der auch das Ausweichen erlaubte, und sie waren von entwässernden Gräben eingefaßt, damit ganzjährig gut befahrbar. Der am 1. Januar 1834 in Kraft tretende Deutsche Zollverein, dem sich bis 1836 – mit Ausnahme von Braunschweig (1842), der Nordseeanrainerstaaten, Mecklenburg und Österreich – alle Staaten des Deutschen Bundes anschlossen, beseitigte die versteuernden Zölle innerhalb des größten Teils Deutschlands, legte zugleich auf Importe Einfuhrgebühren. Obwohl Maße, Gewichte und Währungen unterschiedlich blieben, war mit dem so entstandenen großen Binnenmarkt ein deutlicher Anreiz zur fabrikmäßigen Erzeugung billiger Waren in großen Stückzahlen und zur massenhaften Förderung von Rohstoffen gegeben. Insbesondere in den westlichen Teilen der Provinz, im Stolbergischen und Wernigerodischen, aber auch in der Altmark und im Eichsfeld sowie im anhaltischen Harz – also an den Grenzen des Zollvereinsgebietes – blühte der Schmuggel bis 1866. Im Königreich Hannover und bis 1842 im Herzogtum Braunschweig waren vor allem Kaffee, Zigarren und andere Kolonialwaren, auch Rot- und Südweine nicht unerheblich billiger.

Der erste Wirtschaftszweig, der in Provinzialsachsen und Anhalt vom Deutschen Zollverein unmittelbar und kräftig profitierte, war die nach dem Fall der Kontinentalsperre eingegangene Rübenzuckerindustrie, da nun der Überseezucker verteuert worden war. Sie zog andere Fabrikindustrien und die Ausdehnung des Braunkohlenbergbaus nach; sie gerade beschleunigte den Umbruch von Wirtschaft, Sozialstruktur und Lebensweise auf dem Lande: Die Rübenzuckerindustrie war im provinzialsächsisch-anhaltischen Raum der Motor der Industriellen Revolution, ja der hier besonders schnellen und umfassenden Durchsetzung kapitalistisch-marktwirtschaftlicher Verhältnisse überhaupt.[44]

Nachdem schon seit dem Ende der 20er Jahre erneut einige zunächst überseeischen Rohrzucker verarbeitende Zucker- und Kandisfabriken gegründet worden waren, besonders von dem Kolonialwaren-Großhändler Christian Ludwig Zuckschwerdt in und bei Magdeburg sowie in Aschersleben, entstanden zwischen 1835 und 1840 in der Provinz und in den Herzogtümern 48 von damals insgesamt 145 deutschen Rübenzuckerfabriken. Davon befanden sich 31 im Regierungsbezirk Magdeburg und allein 27 in der Magdeburger Börde. 16 Betriebe – d.h. jede neunte der deutschen Rübenzuckerfabriken – produzierten in der Magdeburger Neustadt und Sudenburg sowie in den an der Stadtperipherie liegenden Dörfern Groß-Ottersleben und Westerhüsen. Dieses Verhältnis verschob sich bis 1871 sogar noch weiter zugunsten des Territoriums, in dem dann 178 Fabriken gegenüber 119 in den übrigen Teilen Deutschlands standen. Schon im Betriebsjahr 1851/52 wurden in der Provinz und in Anhalt fast zwei Drittel der (versteuerten) Rübenmasse (11 560 047 von 18 289 901 dt) verarbeitet. Allein die 17 im Umfeld Magdeburgs gelegenen Betriebe bewältigten damals ein Drittel der gesamten Zuckerrübenernte im Deutschen Zollverein. Es war gewiß ein längerer Weg von zunächst fünf Prozent deutschem Anteil an der Weltzuckerproduktion im Jahre 1840 bis zum Weltzuckerproduzenten Nr. 1, bis zum Rübenzucker als zeitweise größtem deutschen Exportartikel und bis zum Aufstieg Magdeburgs zur zentralen internationalen Zuckerbörse am Ausgang des Jahrhunderts, doch die Grundlagen dazu wurden schon vor der Jahrhundertmitte in Provinzialsachsen gelegt.

Für die Expansion der Rübenzuckergewinnung bestanden namentlich in der Magdeburger Börde sowie in den Harzumlanden eine Reihe natürlicher und gesellschaftlicher Voraussetzungen, die in dieser Komplexität sonst nicht gegeben waren. Erstens begünstigten die Bodenverhältnisse – die fruchtbare Lößschwarzerde – und das Klima den Zuckerrübenanbau. Bei der einheitlichen Reichsbodenschätzung von 1934 erhielt ein als bester Boden Deutschlands in der Flur Eickendorf des Börderkreises Schönebeck ermitteltes Ackerstück die Bodenwertzahl 100; es wurde zum Bezugspunkt für die nationale Bodenklassifizierung; große Teile der Börde bekamen Werte von über 90, auch im Ostharzumland gibt es besonders gute Böden. Zweitens erleichterte die günstige Verkehrslage im Zentrum Deutschlands den Transport der Roh- und Fertigprodukte, auch die Zuführung von Arbeitskräften: Elbe und Saale und der Plauer Kanal als Wasserstraßen, ein bereits in den 30er Jahren ausgebautes Chaussee- und Wegenetz, wozu dann Eisenbahnen traten. Es konnte drittens die Brennstoffversorgung mit billiger Braunkohle aus dem Territorium selbst

gesichert werden. Viertens waren mit der schon länger gepfleg-
ten intensiven Feldbearbeitung – Spaten- und Hackkultur von
Zichorien und Futterrüben – entscheidende Vorleistungen
und Erfahrungen für hohe Erträge gegeben. Im Gegensatz zu
den ostelbischen Gebieten bestanden fünftens günstige bäuerliche Besitz- und Rechtsverhältnisse. Der bäuerliche Land-
anteil war hier durch die Agrarreformen kaum geschmälert
worden. Es hatte sich eine starke Schicht von Groß- und Mittelbauern gebildet, die auf den Verkauf ihrer Erzeugnisse orientiert war. Sechstens beruhte auf dem schon früher als anderswo eingehenden Ablösesummen der Bauern, auf der zunehmenden Akkumulation von Handelskapital namentlich in
Magdeburg und Halle sowie dem Streben nach deren gewinn-
bringender Anlage die Möglichkeit und Bereitschaft von Gutsbesitzern und Großkaufleuten, die für den Zuckerrübenanbau und die Rübenzuckergewinnung erforderlichen Investitionen vorzunehmen.

Die Wirkungen und Folgen, die von Zuckerrübenanbau
und -verarbeitung (nicht allein, doch am intensivsten von ihnen) ausgingen, waren sehr vielgestaltig, am tiefgreifendsten
für die Landwirtschaft: Ausdehnung der Ackerfläche infolge
des nun allgemeinen Abgehens von der Dreifelderwirtschaft
und einfachen Fruchtwechselfolgen, Wegfall der Brache und
der vielen Feldraine, Einbeziehung vormaliger Weideflächen;
Übertragung gärtnerischer, intensiver Arbeitsmethoden auf
den Feldbau, durch Tiefkultur besser für die Pflanzenernäh-
rung erschlossene Böden (zunächst Rigolen mit dem Spaten,
später Tiefpflügen mit dem 1850 vom Schmiedemeister Christian Berendt konstruierten »Wanzlebener Pflug«), durch
Hackkultur von Unkraut befreite Felder (wofür die bisher
nicht übliche Reihenaussaat Voraussetzung war), intensive
Düngung; Einführung verbesserter Sorten durch gezielte
Züchtung; schrittweise Mechanisierung von Bestellung, Pflege und Ernte der Rüben sowie anderer Hackfrüchte, auch von
Getreide (Maschinen zum Drillen, Legen, Hacken, Roden; für
das Mähen von Getreide aber erst seit den 60er Jahren). Der
hohe Anteil von Ernteabfällen und Verarbeitungsrückständen
– namentlich wieder bei den Zuckerrüben – gestattete eine
umfangreichere und intensivierte Stallviehhaltung, damit ein
höheres Aufkommen von natürlichem Dünger als Vorausset-

Großer Innenhof der Franckeschen Stiftungen

zung für hohe Felderträge. Bedeutsam war auch, daß Milch und Schlachtvieh wachsende Nachfrage bei der mit der Industrialisierung rasch zunehmenden Stadtbevölkerung fanden, was die Bilanzen der Zuckerrübenanbauer und -verarbeiter zusätzlich aufbesserte.

Zu der bis dahin unbekannt sprunghaften Entwicklung der ländlichen Produktivkräfte gehörte untrennbar die den Übergang zur Lohnarbeit begleitende extensivere, zunehmend aber auch intensivere Nutzung bzw. Ausbeutung der menschlichen Arbeitskraft. Ablösungen, Gemeinheitsteilungen, Separationen und Dismembrationen bildeten dafür Voraussetzung, Begleitbedingung und Folge. Die feudalen Abhängigkeitsverhältnisse, ebenso aber herkömmliche Gerechtsame und Beziehungen in den Dorfgemeinschaften wurden in Provinzialsachsen und in Anhalt schneller beseitigt als in anderen Agrargebieten. In der Magdeburger Börde waren 1848 schon zwei Drittel aller Bauernstellen der feudalen Lasten ledig – im deutschen Bundesgebiet insgesamt nur die Hälfte; schon in den 50er Jahren war der Rest abgelöst – zehn Jahre früher als im übrigen rechtsrheinischen Deutschland. Die ehemaligen feudalen Grundherren der Provinz zogen bis 1848 Ablösungen in Höhe von 5 932 072, bis 1865 insgesamt von 10 178 307 Taler ein, ein ganz überdurchschnittlicher Anteil an der gesamtpreußischen Summe von 38 242 249 Talern.[45] Auch der Proletarisierungsprozeß der Kleinbesitzer und des in patriarchalischer Abhängigkeit beschäftigten Gesindes schritt hier schneller voran. Die intensive Feld- und Viehwirtschaft war überhaupt nur mit über den Lohn (z.T. als Deputat in Naturalien gezahlt) zu stimulierenden freien Arbeitskräften möglich. Als Folge zunehmender zeitlicher Zusammendrängung der Feldarbeiten ebenso der Zuckerkampagnen und gleichzeitigem Abgang vieler Arbeitskräfte in die nahegelegenen Industriestädte zogen Saison- und Wanderarbeit in die Bördedörfer ein. Zunächst wurden diese Arbeiter aus anderen Teilen der Provinz – besonders aus dem Harz und dem Eichsfeld – angeworben, dann auch aus Nordhessen und Schleswig-Holstein. Seit den 60er Jahren begannen die Grundbesitzer »Sachsengänger« aus den östlichen Provinzen Preußens in großen Massen heranholen zu lassen.[46] Immer stärker differenzierte sich die Bauernschaft in Groß,- Mittel- und Kleinbauern sowie in Landarbeiter, die höchstens über eine Parzelle oder einen Pachtacker verfügten.[47] Einen ungewöhnlichen Aufstieg vollzog Johann Gottfried Boltze im südlichen Zentrum des Zuckerrübenanbaus, dem Saalkreis und Mansfelder Seekreis. Boltze begann in Salzmünde als unbedeutender Gastwirt, durch Heirat kam eine Mühle hinzu. Getreide und Mühlenprodukte handelte er bald mit 30 kleinen Kähnen auf der Saale. Seine auf eigenen Tonvorkommen begründete Ziegelei war dann schon am Ende der 30er Jahre mit 27 Öfen die größte in Preußen. Ziegel, Tonwaren und Getreideprodukte gingen auf dem Wasserwege bis nach Berlin. Zielstrebig kaufte Boltze in der Umgebung Bauernwirtschaften und Güter auf; noch galt Landbesitz als sicherste und nobelste Kapitalanlage. 1866 besaß er 36 eigene Güter mit 2 812 ha Äckern, 15 Pachtgüter, und er pachtete jährlich etwa 125 Rübenäcker unterschiedlicher Größe hinzu, im ganzen 3 476 ha Land um Salzmünde. Sie wurden in bedeutendem Umfang mit Hackfrüchten (1/4 Zuckerrüben, 1/7 Kartoffeln) bestellt. Seine 1847 gegründete eigene Zuckerfabrik wurde mit Braunkohlen aus der ihm gehörenden Grube in Bennstedt versorgt. Die Rückstände aus Ackerbau und Zuckerproduktion, aus einer Kartoffelspiritusbrennerei und mehreren Ölmühlen wurden für eine ausgedehnte Schlachtviehhaltung genutzt. Auf etwas anderem Wege und unter fortgeschritteneren Bedingungen gegenüber Mathusius schuf sich Boltze einen Agrar-Industrie-Komplex bedeutenden Ausmaßes.[48]

Die zunehmende soziale Differenzierung auf dem Lande fiel schon äußerlich in der dörflichen Bauweise ins Auge. Neben den staatlichen Gehöften der Großbauern, die bald nach dem Vorbild des städtischen Besitzbürgertums durch villenartige »Rübenpaläste« ergänzt wurden, den meist ungeputzten Ziegelbauten der Mittelbauern und den Lehmbauten der Kleinbesitzer standen die spartanisch eingerichteten Massenunterkünfte, die »Schnitter- und Rübenkasernen«, für die Wanderarbeiter. Das alte Dorfbild mit lockerer Bebauung veränderte sich; die enger aufeinanderrückenden Gehöfte und andere oft mehrstöckige Gebäude sowie einschließende Mauern verengten Anger, Straßen und Gassen. Gerade in der Börde begannen schon damals nicht wenige Dörfer, ihr »Gesicht« zu verlieren.[49] Nicht allein beim Hausbau orientierte sich die

Landbevölkerung an städtischen Vorbildern. Neben der Tracht wurden vor allem im Umfeld der größeren Städte von den in die städtische Wirtschaft als »Pendler« einbezogenen Arbeitern und den bäuerlichen Lieferanten von Agrarprodukten immer häufiger und wie es der Geldbeutel zuließ, Kleidungsstücke »von der Stange« oder beim Maßschneider gekauft. Die in der uns überlieferten prächtigen Ausstattung ohnedies den Wohlhabenderen vorbehaltenen Kostüme wurden nur zu Sonn- und Feiertagen den Truhen und Schränken entnommen. Doch waren das nun immer weniger Feiern der gesamten Dorfbewohnerschaft; die soziale Differenzierung löste die viele Jahrhunderte alte dörfliche Lebensgemeinschaft langsam auf. Manche Großbauern nahmen auch alltags die Mahlzeiten nicht mehr zusammen mit ihren Arbeitskräften in der Küche ein; sie zogen sich in das der Familie vorbehaltene Eßzimmer zurück. Traditionelle Speisefolgen wurden mit der Übernahme städtischer Eßgewohnheiten und von zum Teil schon hinzugekauften, industriell aufbereiteten Nahrungsmitteln durchbrochen. Ganz allmählich, Jahrzehnte dauernd, wandelten sich das alte Dorf und die hergebrachte ländliche Lebensweise.[50]

Der Braunkohlenbergbau in Mitteldeutschland verdankt seine Entfaltung zum guten Teil der Rübenzuckerindustrie.[51] Der Bedarf an Brennstoffen wurde in der außer Harz, Altmark und Jerichower Land waldarmen bzw. durch die jahrhundertelange Kupfer-, Eisen- und Salzgewinnung mittels Holzkohle in ihren Baumbeständen z. T. erheblich dezimierten provinzialsächsisch-anhaltischen Region im ersten Drittel des 19. Jahrhunderts noch durch englische Steinkohle und hochwertige böhmische Braunkohle gedeckt. Deren Einsatz war aber nur in der Nähe der Wasserwege rentabel. Darum wurden mit der sprunghaft wachsenden Nachfrage seitens der Zuckerfabriken die z.T. längst bekannten, aber nur wenig, überwiegend von Bauern auf ihren Ackerflächen in flachen »Bauerngruben« ausgebeuteten Braunkohlenlager in der Helmstedt-Oscherslebener, in der Egelner, der Altenweddinger, der Welsleben-Biere-Calbenser und der Ascherslebener Mulde sowie später im Bitterfelder Gebiet, im Hallenser und Weißenfels-Zeitzer Revier erschlossen. Zunächst wurden im Tagebau auf kleinstem Raum, z.T. aber auch im Tiefbau allein die mit dem geringsten Aufwand zu bergenden Kohleflöze genutzt und nur die Stückkohle verwendet. Die »erdige« (krümelige) Kohle ging auf Halde, wurde aber seit den 50er Jahren zu luftgetrockneten Naßpreßsteinen verarbeitet. 1858 errichtete die »Sächsisch-Thüringische Aktiengesellschaft für Braunkohlenverwertung zu Halle (Saale)« in Ammendorf die erste Braunkohlenbrikettfabrik nach dem Trockenverfahren mittels Strangpresse. Damit wurden Brennwert und Transportfähigkeit spürbar verbessert. 1847 förderte man in der Provinz 806 969,5 t Braunkohle, 1867 waren es bereits 4 289 600,1 t. Das entsprach 74,2 bzw. 78,5 Prozent der gesamtpreußischen Produktion und bezeugt die führende Stellung Provinzialsachsens auch in diesem Wirtschaftszweig. Von den 1867 durch die 37 Gruben des Regierungsbezirkes Magdeburg abgesetzten 1 289 910,4 t Braunkohle wurden allein 599 824,8 t (46,5 %) an die Zuckerfabriken verkauft.

Die Besonderheit der mitteldeutschen Braunkohle, ihr hoher Bitumengehalt, führte im Halberstädter Revier – Hötensleben, Großmühlingen, Warsleben, Sommersdorf und Rehmsdorf – in den 40er Jahren dazu, daß nach schottischem Vorbild Aufbereitungsanlagen angegliedert wurden, in denen Mineralöle, Paraffine, Teere und Teerprodukte erzeugt wurden. Doch erst als 1850 das preußische Aktiengesetz die Entstehung von großen Betrieben erleichterte, entstand – nun vornehmlich im Hallenser Revier – ein auf Braunkohle basierender Zweig der chemischen Industrie. Eine Schlüsselfigur der Braunkohlen-Chemieindustrie war Carl Adolph Riebeck. Bergmännische Erfahrungen und organisatorisches Talent lagen seinem zunächst schwierigen Aufstieg vom zehn Jahre alten Bergjungen zum anerkannten Bohrmeister in Harzgerode zugrunde, wo er von 1827 bis 1839 im Dienst des anhaltischen Bergamtes stand. Erpachtung einer kleinen Grube und risikovolle Aufnahme eines Kredits bei dem renommierten hallischen Bankhaus Ludwig Lehmann, welches maßgeblich die Zucker- und Braunkohlenindustrie im Raum Halle-Merseburg-Weißenfels finanzierte, Bau einer Teerschwelerei in Gosserau bei Weißenfels standen am Anfang seines Einstiegs in die Welt des Kapitals. Aus seiner technisch ebenso primitiven wie einfallsreichen Schwelerei, der einige Jahre später eine florierende Paraffinkerzenfabrik angeschlossen wurde, entwickelte Riebeck ein erstes Zentrum der provinzialsächsischen Schwelindustrie. Dabei kam ihm ebenso wie schon Boltze und anderen Unternehmern zugute, daß nach dem im Süden der Provinz noch geltenden kursächsischen Bergrecht im Gegensatz zu Altpreußen, wo Bodenschätze Staatseigentum waren, mit dem Kauf von Flurstücken auch das Nutzungsrecht für die im Boden liegenden Rohstoffe erworben wurde. Zielgerichtet brachte Riebeck in einer Zeit, in der die für die Energieerzeugng minderwertige Kohle nicht geschätzt wurde, mit geringem Kapitaleinsatz große Flurstücke mit hochwertigen Schwelkohlevorkommen zusammen. Indem er der beim Schwelprozeß zurückbleibenden Restkohle als preiswerten Grudekoks Eingang in die Arbeiterhaushalte verschaffte, erschloß er sich eine weitere Einnahmequelle, erhöhte die Rentabilität seines Unternehmens. Die Riebeckschen Montanwerke in und um Halle vereinigten bald Schwelereien, Paraffin- und Mineralölfabriken, Brikettpressereien und Montanwachswerke. Einen Teil des bald beträchtlichen Vermögens legte auch Riebeck in landwirtschaftlichem Grundbesitz an. Mit 952 Hektar Land, besonders als Eigentümer von Rittergütern in Poserna, Kreischau, Pobleß, Groß-Görschen, Starsiedel, Deuben und Baundorf, war der Großkapitalist auch einer der Großagrarier der Provinz. Daß er schließlich eine betriebseigene Kranken- und Invalidenkasse für die bei ihm beschäftigten Arbeiter und Angestellten einrichten ließ, zeigt, daß er seine Herkunft und seinen zunächst nicht leichten Aufstieg keineswegs vergessen hatte.[52]

Für die Rübenzuckergewinnung, ebenso aber für die rapide zunehmenden industriellen, kommunalen und privaten Baumaßnahmen war das Vorhandensein und die Erschließung zahlreicher Kalkvorkommen bedeutsam. Die Kalkschlämme der Zuckerfabriken gaben – neben dem mit der intensivierten Viehhaltung zunehmenden Stallmistaufkommen – einen zusätzlichen und speziellen Dünger. Doch konnte damit der hohe Nährstoffentzug, dem die Böden durch den Zuckerrübenanbau ausgesetzt waren, nicht ausgeglichen werden. Zuerst wurde Guano-Dünger zu Schiff von Hamburg herangeführt. Ende der 50er Jahre wurde in Staßfurt – wo man beim Abteufen zweier neuer Steinsatzschächte auf riesige Mengen zunächst als Abraum auf Halde gefahrener Kalisalze gestoßen

Das große Siegel der Universität Halle von 1694

war – damit begonnen, in schnell wachsendem Umfang mineralischen Dünger zu produzieren.[53]

Ausgangspunkt dafür war Justus von Liebigs wissenschaftliche Erkenntnis, daß Hackfrüchte dem Boden viel Kalium entziehen. In einem Brief an den Staßfurter Apotheker und Chemiker Adolf Frank, der die Bedeutung des Abraums erkannt hatte, bezeichnete Liebig 1865 das dortige Kalisalzvorkommen als »ein großes Glück für unsere Landwirte und Rübenanbauer insbesondere«.[54] In nur einem Jahrzehnt, zwischen 1861 und 1871, kehrte sich das Verhältnis von Steinsalz- und Kalisalzgewinnung in Staßfurt von 41 000 t (94,5 %) zu 2 400 t (5,5 %) fast gänzlich um in 146 500 t (24,7 %) zu 445 500 t (75,2 %). Der Anteil beider Förderprodukte an der Salzproduktion in Preußen insgesamt belief sich auf 98,1 bzw. 90,7 Prozent. Aus einem vormaligen Abraum war das wichtigste Abbauprodukt im Salzbergbau geworden. Daran hatte Frank, der als Chemiker in der Staßfurter Rübenzuckerfabrik Brennecke, Heckel & Co. tätig war, großen Anteil. Er hatte 1860 in mehreren Denkschriften die preußische und anhaltische Bergverwaltung auf die Möglichkeiten der Staßfurter bzw. der unmittelbar angrenzenden Leopoldshaller Kalisalze für die Herstellung von Pottasche, Schmierseifen, Farben, Alaun, Salpeter und damit Schießpulver, für die Verwendung in der Färberei, Drukkerei, Textilspinnerei, Glasherstellung und als Düngemittel aufmerksam gemacht. In Staßfurt eröffnete Frank, gestützt auf ein Patent, 1861 mit dem Kapital einer Hamburger Firma eine erste Fabrik für gereinigtes und konzentriertes Chlorkalium. Bis 1871 folgten in Staßfurt und in dem ihm später eingemeindeten anhaltischen Leopoldshall weitere 30 chemische Betriebe. Staßfurt wurde so zur Keimzelle des Kalisalzbergbaus, zur Basis des schnellen Aufstiegs Deutschlands zum Weltdüngemittelproduzenten Nr. 1 sowie zum Ausgangspunkt für eine auf Kalisalzen beruhende Chemieindustrie.

Von der Zuckerrübenverarbeitung, von der Braunkohlengewinnung, ebenso von der Salz- und Chemieproduktion gingen die ersten bewußt registrierten – allerdings zumeist nur in unmittelbarer Umgebung der Fabriken spürbaren – Belastungen der bis dahin (abgesehen von der land-, forst- und montanwirtschaftlichen Nutzung) noch weitgehend unberührten natürlichen Umwelt aus. Verunreinigung von Gewässern, übel-

riechende Abgase, wachsende Abfallhalden wurden neben z.
T. schweren gesundheitlichen Schäden für die ungeschützten
Produktionsarbeiter als störend, verunstaltend und gefährlich
empfunden. Doch verhallten öffentliche Klagen in einer Ge-
winn- und Fortschrittseuphorie ebenso, wie Eingaben und
Denkschriften meistens nur in solchen Fällen Reaktionen aus-
lösten, wo die Belange der Besitzenden berührt wurden.

In einem engen Wechselverhältnis mit der industriellen,
aber auch der agrarischen Entwicklung vollzog sich der im
zweiten Drittel des 19. Jahrhunderts erfolgende umfassende
Ausbau des Transportwesens, seine Revolutionierung durch
den Übergang von natürlichen zu technischen Fortbewe-
gungskräften. Der Eisenbahnbau und -betrieb ebenso die
Dampfschiffahrt lagen lange vollständig in privaten Händen;
sie bedurften jedoch der oft sehr langwierigen staatlichen Kon-
zessionierung. Komitees für die Zusammenführung der erforderlichen beträchtlichen Grundkapitale mittels öffentlich aus-
geschriebener Aktienzeichnungen sowie für die Verhandlungen mit den Staatsorganen, die Festlegung der Streckenfüh-
rungen und den Kauf der Bodenstücke bündelten individuelle und Gruppeninteressen, was mit teilweise erheblichen Inte-
ressenkonflikten verbunden war. An der Spitze dieser Bemü-
hungen standen – durchaus nicht immer in einer Front – die
Magistrate von Magdeburg und Halle mit Oberbürgermeister
August Wilhelm Francke und Kämmerer Ludwig Wucherer.
Beide Städte wurden früh zu Knotenpunkten des sich in den
40er Jahren in seinen Grundstrukturen herausbildenden mitteldeutschen Eisenbahnnetzes.[55] Die fünfte deutsche Eisenbahn und die »erste Eisenbahnverbindung in der Welt«, die
mehrere Staaten – nämlich Preußen, Anhalt und Sachsen –
miteinander verband, war die zwischen 1839 und 1840 in Betrieb genommene Strecke Magdeburg-Köthen-Halle-Leipzig
mit Anschluß nach Dresden. Im Interesse großagrarischer
Kreise und aus militärischen Rücksichten wurde die Bahn im
weiten Bogen östlich um den Petersberg bei Halle geführt und
dadurch wesentlich verlängert. Immerhin aber verkürzte sich
die Fahrzeit von Halle nach Magdeburg, die bei der Kernba-
cher Personenkutsche 14 Stunden betragen hatte, auf etwas
mehr als zwei Stunden. Vor allem konnten weit größere Mengen Güter schneller und billiger über Land befördert wer-

den.[56] Im kleinen oder größeren Ausmaß wiederholten sich aus unterschiedlichen Interessen herrührende und zumeist bis in die Gegenwart fortwirkende Streckendeformierungen.[57] Schon bis 1849 stand das provinzialsächsisch-anhaltische Eisenbahnnetz in den Grundzügen: nach Norden Anschluß nach Wittenberge an die Berlin-Hamburger Strecke; von Berlin über Dessau, Köthen nach Bernburg; von Berlin nach Magdeburg und von dort aus nach Halberstadt bzw. über Oschersleben, Wolfenbüttel Anschluß an die Verbindung von Braunschweig nach Köln; schließlich von Halle über Weimar, Erfurt und Eisenach nach Kassel.

Früher schon war die Dampfkraft auf der Elbe zugegen gewesen. Doch am Widerstand der Segelschiffseigner und Schiffsmüller scheiterten bis 1838 die Versuche der vor allem mit Getreide, Salz und Kolonialwaren Handel treibenden Magdeburger Großkaufleute, eine eigene Dampfschiffahrtsgesellschaft zu gründen. Die dann ins Leben gerufene Aktiengesellschaft beschaffte 1837 den ersten Dampfer aus England. Noch im gleichen Jahr entstand auf Betreiben des leitenden Ingenieurs der Gesellschaft Alfred Tischbein auf einem in der Nähe der Strombrücke verankerten Floß das erste mit einer holländischen Dampfmaschine ausgestattete Schiff. Brauchten Eilsegelschiffe, abschnittsweise von Treidelmannschaften unterstützt, von Hamburg nach Magdeburg zwei bis drei Wochen, so dauerte nun die Fahrt mit dem Dampfschiff stromaufwärts 40 Stunden und stromabwärts 14 Stunden.[58]

Rübenzuckerfabriken, Braunkohlenbergbau, Kaligewinnung und Chemieindustrie waren ebensowenig wie Eisenbahn und Dampfschiffahrt ohne neuartige Ausrüstungen zu betreiben. Erstausstattungen bis hin zu den Eisenbahnschienen wurden zum großen Teil aus dem industriell voranschreitenden England bezogen; auch ließen sich, besonders in Magdeburg mit Aston, Fowler, Garrett englische Firmen nieder. Mit der Reparatur und der Ergänzung der Anlagen mit immer neuen Betriebsgründungen entstanden in zahlreichen Städten der Provinz und Anhalts Werkstätten und Fabriken für Maschinen, so in Aschersleben, Dessau, Halle und Sangerhausen. Voran aber in Magdeburg, wo von den bis zum Ende der 40er Jahre gegründeten fünf größeren Maschinenfabriken vier vorrangig auf die Konstruktion und Produktion von Zuckerfabrik-

Fürst Johann Georg II. von Anhalt-Dessau

ausrüstungen konzentriert waren; 1850/51 wurden bei einer Gesamtproduktion im Wert von 1,8 Millionen Taler nicht weniger als 1,6 Millionen aus der Herstellung von Dampfmaschinen, Zentrifugen, hydraulischen Pressen, Kochern und Verdampfern, Schnitzel- und Waschmaschinen, Pumpen, Armaturen, Meßgeräten und Waagen für die Zuckerproduktion realisiert. Von den in Deutschland bis 1870 erbauten bzw. umgebauten 138 Zuckerfabriken (bei denen der Ausrüster bekannt ist) haben 50 ihren Produktionsapparat aus Magdeburg bezogen, an erster Stelle von der Gräflich-Stolbergischen Maschinenfabrik, die 1839 aus einem von dem Engländer Aston gegründeten Unternehmen hervorgegangen war.[59] Die Maschienenfabrik Buckau der 1838 »Vereinigten Hamburg-Magdeburger Dampfschiffahrts-Compagnie«, für den Neubau und die Reparatur der compagnieeigenen Schiffe gegründet, wurde zu einer Wiege des deutschen Dampfmaschinenbaus, von der bedeutende Neuerungen ausgingen.[60]

Mit der kapitalistischen Industrialisierung entstand das Proletariat als neue soziale Klasse. Zum Fabrikproletariat zählten aber in Provinzialsachsen 1849 erst 28 346 Personen, und die Gewerbestatistik kommt einschließlich Manufakturarbeitern und Beschäftigten größerer Handwerksbetriebe auch nur auf rund 100 000. Das besonders zahlreiche hausindustrielle Proletariat und die Landarbeiter in Gärtnereien und ähnlichen Gewerbebetrieben (jedoch ohne Guts- und Bauernwirtschaften!) hinzugerechnet, wurden insgesamt 255 559 Angehörige der Lohnarbeiterschaft ausgewiesen. Großbetriebe (mehr als 100 Beschäftigte) gab es besonders in der Zuckerindustrie, in 70 Fabriken wurden 11 880 Arbeiter beschäftigt, sowie im Maschinenbau. Die Maschinenfabrik Buckau war 1847 mit einer Belegschaftsstärke von über 800 nach dem Berliner Borsigwerk der größte Industriebetrieb Preußens. Im Handwerk, das insgesamt gegenüber dem Auftragsangebot überrepräsentiert war, dominierte der Meisterbetrieb ohne oder mit nur einem Gesellen. Viele Handwerksmeister lebten am Rande oder unter der Armutsgrenze.

Bei einer Arbeitszeit von 66 bis 72 Stunden verdienten in den Burger Tuchfabriken die 773 Männer 2 - 2 1/2 Taler, die 547 Frauen 1 Taler und die 111 Kinder 1/2 Taler in der Woche. Um das Existenzminimum einer fünfköpfigen Familie zu sichern, bedurfte es in der Woche 3 1/2 Taler. Diese Kombination von langen Arbeitszeiten und niedrigen Stundenlöhnen war für die Zeit der Industriellen Revolution ebenso kennzeichnend wie die bisher in diesem Umfang unbekannte und besonders niedrig entlohnte Mitarbeit von Frauen und Kindern außer Haus. Weder gab es Arbeitsschutz, noch war eine medizinische Versorgung geregelt. Teilweise wurde am Tag bis zu 16 Stunden, zeitweise auch 18 Stunden Arbeit verlangt; manche Arbeiter kamen in der Woche wegen langer Wege zur Fabrik nicht nach Hause, ließen sich das Essen von den Kindern an den Arbeitsplatz bringen und schliefen an der Maschine. Ergänzt wurde diese Situation durch betriebliche Strafsysteme mit Lohnabzug aber auch Schimpfworte und selbst Schläge waren durchaus nicht ungewöhnlich. In einem bemerkenswert offenen Bericht der renommierten Leipziger »Illustrierten Zeitung« über Kinderarbeit hieß es 1844 u. a. zu mitteldeutschen Fabriken und Bergwerken (Tagebauen): »Die Kohlenbergwerke: Die Zahl der Kinder und der Halberwachsenen, welche hier beschäftigt werden, übersteigt alle Begriffe... Wenn ein Bergwerk in gutem Betrieb ist, so beträgt die Arbeitszeit der Kinder in wenigen Fällen 11, in den meisten 12 - 13 und in einigen Fällen 14 Stunden täglich. Vorher oder anschließend mußten die Kinder noch zwei Stunden die Morgen- und Abendschule besuchen./ Metallarbeiten: In den großen Werkstätten werden die Kinder menschlich behandelt, in den kleineren aber mit Peitschen, Kantschuen, Stöcken, Hämmern, Feilen oder was sonst eben zur Hand liegt, auch mit der geballten Faust geschlagen und mit Füßen getreten.«[61]

In den Städten der Provinz war nach einer von der Provinzial-Schulkommission – nach Vorbild der von dem Geistlichen Karl Christoph Gottlieb Zerrenner schon in den 20er Jahren in Magdeburg verwirklichten Schulreform – ein vielfach gegliedertes Schulsystem empfohlen und zumeist auch mit Varianten eingeführt worden: Sonntagsschulen für Kinder, die in der Landwirtschaft arbeiteten; Abend- und Morgenschulen mit zwei Klassenstufen für Kinder, die in Fabriken arbeiteten; Volksknaben- bzw. Volksmädchenschulen mit vier Klassenstufen für Kinder, die nicht schon zur Arbeit gehen mußten; auf den Volksschulen (oder Privatunterricht) aufbauende, nicht der in Preußen geltenden Schulpflicht unterliegende Bürger-, Handels-, Gewerbe- und Realschulen mit meistens sechs Klassenstufen; Gymnasien bzw. Lyzeen mit acht Klassenstufen. Der Direktor der Schule im anhaltischen Plötzkau, wo er als einziger Lehrer 220 Schüler zu unterrichten hatte, berichtete noch 1856:»Im Sommer geht für die 1. Klasse – obere von zwei nach Leistung gebildeten Klassen – die Schule früh um 6 Uhr an, und um 8 Uhr geht ein großer Teil der Schüler auf Arbeit. Ach, es ist ein Jammer für den Menschenfreund, besonders für einen Kinderfreund, wenn er die armen Geschöpfe früh 6 Uhr noch halbschlaftrunken zur Schule wandeln sieht! Es kommen häufig schon Kinder von 7 und 8 Jahren in die 1. Klasse. Diese armen Würmer müssen nun von 8 Uhr morgens bis abends 7 Uhr arbeiten und dann des andern Tages um 5 1/2 Uhr aufstehen und von 6 bis 8 Uhr in die Schule gehen.«[62]

Die Wohnungssituation war namentlich in den größeren Städten entsetzlich, für vielköpfige Arbeiterfamilien meist nur ein Zimmer, kaum Mobiliar, Schlafstätten zum Teil auf der Erde und fast immer für mehrere Personen gemeinsam. Slumartige Ansammlungen von Bretterbuden und Erdhöhlen am Rande der Industriestädte – wie im Festungsgelände vor dem Magdeburger Krökentor – wurden hin und wieder gewaltsam abgerissen. Bis in die 50er/60er Jahre hinein wurden die zuerst noch kleinen Industrieanlagen innerhalb der Altstädte angelegt, viele Arbeiter vom Land, von den umliegenden Dörfern in die Stadt als »Pendler« oder Wohnungsnehmer gezogen. Erst dann gingen die Unternehmer wegen der steil ansteigenden Grundstückspreise dazu über, ihre sich ausdehnenden Betriebe in Vororte oder in die umliegenden Feldfluren zu verlegen. wo dann auch der Mietwohnungsbau Raum fand. Wohlhabende ließen sich Häuser in neuen Straßenzügen außerhalb der altstädtischen Enge, fern von Fabrikanlagen mit ihrem Lärm, Schmutz und Gestank errichten, dort wo sie auch Not, Elend und Primitivität der proletarischen und pauperisierten Familien nicht täglich vor Augen haben mußten. Die Industrialisierung und die damit verbundene städtische Agglomeration begannen die althergebrachten Stadtstrukturen und die überkommene städtische, wesentlich durch den handwerklichen Kleinbetrieb bestimmte Lebensweise aufzulösen.

1848/49 – Märzrevolution und Novemberkomplott

Die Märzrevolutionen von 1848 liefen nicht nur in den 36 Staaten des Deutschen Bundes überwiegend parallel oder zeitlich zueinander versetzt, also mehr oder weniger isoliert voneinander ab. Sie lösten sich wenigstens in den größeren Staaten und namentlich in Preußen zusätzlich in eine Vielzahl von provinziell oder noch enger regional bezogenen Einzelereignissen und -prozessen auf. Die Ursachen lagen in dem zum Teil sehr verschiedenen Stand der gesellschaftlichen Umgestaltungen, ebenso aber in – mehr oder weniger darauf beruhenden – spezifischen weltanschaulichen und politischen Konstellationen sowie anderen Eigenarten der Regionen.

Ein hervorstechendes Merkmal der vormärzlichen Situation in der Provinz Sachsen und in Anhalt war die hier in den 40er Jahren entstehende und Massencharakter annehmende »Opposition im religiösen Gewande«.[63] Sie faßte Fuß in allen Schichten der städtischen Bevölkerung, fand dagegen auf dem Lande wenig Resonanz. Ausgangspunkt war die Unversität Halle, die seit Jahrzehnten durch das Wirken der Professoren Niemeyer, Gesenius und Wegscheider Hochburg des theologischen Rationalismus war;[64] 1828 zählte die Universität 1 330 Studenten, 944 davon waren bei der Theologischen Fakultät immatrikuliert. Zahlreiche provinzialsächsische und anhaltische Pfarrer, die in Halle studiert hatten, gerieten in Gegensatz zu neuorthodox-konservativen Bestrebungen in der preußischen Staatskirche, die mit der politischen Restauration einhergingen. Mit dem theologischen Rationalismus verbunden war, daß Halle seit der zweiten Hälfte der 30er Jahre neben Berlin zum Zentrum der junghegelianischen Philosophie wurde.[65] Die von Arnold Ruge und Theodor Echtermeyer seit dem 1. Januar 1838 täglich herausgegebenen »Hallischen Jahrbücher für deutsche Wissenschaft und Kunst« waren eines der Hauptorgane dieser Richtung. Sie knüpfte an Hegels dialektische Methode und an die freidenkerisch-rationalistische Interpretation der biblischen Überlieferung an und ging seit 1840 schrittweise von der philosophischen Kritik religiöser Dogmen zur Polemik gegen den von König Friedrich Wilhelm

IV. und einem Teil seiner Berater im fundamentalistisch-restaurativen Sinne erstrebten »christlichen Ständestaat« über. Aus dem Widerstand gegen Verfolgungen, denen rationalistische Pfarrer durch die preußische Staatskirche, voran durch das Magdeburger Provinzial-Kirchenkonsistorium, ausgesetzt waren, erwuchs in den 40er Jahren ein innerkirchlicher Protest, der unter dem Eindruck direkt-staatlicher Restriktionen und der sich fortentwickelnden junghegelianischen Ideen einen politischen Charakter annahm. Die von Pfarrer Leberecht Uhlich und 15 Gleichgesinnten am 29. Juni 1841 in Gnadau bei Schönebeck gegründete »Vereinigung der protestantischen Freunde«, bald »Lichtfreunde« genannt, sollte zunächst nur vernunftorientierter religiöser Erbauung und der Abwehr kirchenbehördlicher Eingriffe in das Gemeindeleben dienen. In lokalen und regionalen, z.T. regelmäßigen Zusammenkünften und (eigentlich verbotenen) Volksversammlungen mit mehreren Hunderten, ja Tausenden Teilnehmern – u.a. in Aschersleben, Dessau, Halberstadt, Halle, Köthen, Naumburg, Nordhausen, Ostrau, Stumsdorf und auf dem Petersberg bei Halle – wurden aber bald nicht nur religiöse Themen, sondern ebenso bewegende kultur-, bildungs- und sozialpolitische Fragen erörtert: Trennung von Staat und Kirche, demokratische Synodal-Kirchenverfassung anstelle der landesfürstlichen Konsistorialordnung, dazu Pressefreiheit zur Verbreitung dieser Ansichten, Bekämpfung der Armut mittels staatlicher Gesetzgebung, Vereinfachung der Rechtssprechung nach dem Vorbild des Code Civil.[66] Exponenten der schnell auf andere preußische Provinzen und deutsche Staaten übergreifenden Bewegung waren neben dem 1845 nach Magdeburg übersiedelnden Uhlich Gustav Adolf und Adolf Timotheus Wislicenus in Halle bzw. Halberstadt sowie Eduard und Theodor Baltzer in Nordhausen bzw. Naumburg. – Amtsenthebungen der Pfarrer und Versammlungsverbote, direktes Eingreifen sogar des Königs zogen massenhafte Kirchenaustritte und seit 1846 die Bildung »Freier Gemeinden« nach sich – außer den schon genannten Städten in Belgern, Burg, Calbe, Ellrich, Mühlhausen, Quedlinburg sowie in Bernburg und Köthen. Die größte dieser außerhalb der Staatskirche stehenden Gemeinden bildete sich mit schließlich 8 000 erwachsenen Mitgliedern in der Provinzhauptstadt Magdeburg. Am unmittelbaren Vorabend der Revolution erreichte diese Bewegung den Höhepunkt. Sozialreformerische Forderungen nach einem Ausgleich von Reichtum und Armut, von einer auf dem Wege der Liebe und Bildungsvermittlung zu realisierenden sozialen Gerechtigkeit verschafften dem religiös begründeten Protest schließlich eine Basis auch bei proletarischen und vom wirtschaftlichen Ruin bedrohten kleinbürgerlichen Schichten.

Anfänge einer spontan-ökonomischen und einer organisiert-politischen Arbeiterbewegung schon in den 40er Jahren waren ein weiteres beachtenswertes Merkmal der Provinz. 1843 bereits hatten 800 Eisenbahnbauarbeiter bei Groß-Quenstedt um höheren Lohn die Arbeit niedergelegt und schwere Auseinandersetzungen mit Halberstädter Kürassiereinheiten bestanden.[67] 1844 waren Arbeiter mehrerer Magdeburger Zuckerfabriken an der ersten, durch den Schlesischen Weberaufstand ausgelösten nationalen Streikwelle beteiligt. Mißernten und Preiswucher, Wirtschaftskrise und Arbeitslosigkeit lösten die Hungerunruhen des Frühjahrs 1847 aus. Im Vergleich zum Vorjahr stiegen die Preise für Weizen auf rund 250, bei Roggen auf 350 und für Kartoffeln sogar auf 650 bis 1000 Prozent, für Schweinefleisch und Butter etwa auf das Doppelte an. In Aschersleben, Bernburg, Eilenburg, Eisleben, Gräfenhainichen, Halberstadt, Halle, Merseburg, Salzwedel, Schönebeck, Staßfurt, Suhl, Wernigerode und Wittenberg kam es zu Hungerunruhen, gegen die zum Teil Militär aufgeboten wurde. Hohe Zuchthausstrafen für Übergriffe auf Lebensmittelgeschäfte und -Transporte, die durch bittere Not ausgelöst waren, mehr noch die z.T. öffentlich vollstreckten erniedrigenden Körperschaften vertieften besonders in proletarischen und kleinbürgerglichen Kreisen die Opposition gegen den preußischen Adelsstaat.[68] Von Handwerksgesellen, die seit Jahrhunderten gegenseitige Unterstützung in ihren Bruderschaften pflegten und die in den 30er Jahren auf den traditionellen Wanderschaften in Frankreich und in der Schweiz mit utopisch-sozialistischen Ideen und frühen politischen Arbeiterorganisationen Kontakt gehabt hatten, ging in Magdeburg am Ende des Jahrzehnts die Gründung einer der wenigen Gemeinden des »Bundes der Gerechten« in Deutschland aus.[69] Die streng geheime, erste politische Arbeitervereinigung schlüpfte in Magdeburg in den 40er Jahren unter den Deckmantel einer halblegalen bürgerlichen »Lesegesellschaft«. Die Sprecher, der Schneider Alexander Beck – vorher 1841 in London und Paris aktives Bundesmitglied – und der Buchbinder Behrens, standen mit der Berliner Gemeinde und mit der Zentralbehörde des Bundes in Paris bzw. in London im Kontakt. Das Programm des Bundes hatte der am 5. Oktober 1808 in Magdeburg geborene Wilhelm Weitling 1838 mit seiner Schrift »Die Menschheit wie sie ist und wie sie sein sollte« verfaßt. In seinem Hauptwerk »Garantien der Harmonie und Freiheit« gelangte der bedeutende vormarxistische Theoretiker des Sozialismus zu dem Schluß, daß sich die Arbeiter nur selbst aus ihrem Elend befreien könnten und dazu die bestehende Gesellschaft revolutionär überwinden müßten.[70]

Die Provinz Sachsen war drittens der Ausgangspunkt einer unmittelbar politischen Form der liberalen Opposition, die ihr Wirken auf die kommunalen und provinziellen Vertretungen – Stadtverordnetenversammlungen und Provinziallandtage – konzentrierte.

Sie stützte sich auf die dazu wahlberechtigten besitzenden Bürger sowie auf Teile der Intelligenz und der Beamtenschaft. Nach dem Vorbild der einflußreichen »Rheinischen Zeitung« in Köln betrieb der Verlagsbuchhändler Eugen Fabricius seit Oktober 1842 die Gründung einer politischen Zeitung. Der Magdeburger Stadtverordnete stand junghegelianischen Ideen nahe, er unterstützte aktiv die Lichtfreundebewegung, gehörte der »Lesegesellschaft« an. Im engen persönlichen Kontakt stand er zu führenden Magdeburger Industriellen, Bankiers und hohen Kommunalbeamten; als deren politisch-publizistischer Wortführer und Organisator wurde er tätig. Das seit dem 3. Februar 1843 erscheinende »Magdeburger Wochenblatt für Angelegenheiten des öffentlichen Lebens« initiierte im August 1844 – in Anlehnung an die von den »Lichtfreunden« praktizierten »Volksversammlungen« – regelmäßig zusammentretende »Bürgerversammlungen«. Beratungsgegenstände waren vor allem die Kandidaten zu den Kommunal- und Landtagswahlen, die Ausdehnung des Wahlrechts sowie die Öffentlichkeit für die Stadtverordneten- und Landtagsberatungen sowie konkrete kommunale Probleme, auch Petitionsanträge zu den Provinziallandtagen. Die Magdeburger

Weißenfels, Schloßkapelle

Zusammenkünfte wurden zum Vorbild für die bald viele Städte der Provinz – besonders Calbe, Erfurt, Halberstadt, Halle, Naumburg, Neuhaldensleben, Nordhausen, Seehausen/Altmark, Zörbig – erfassende und auf andere preußische Provinzen von Ostpreußen bis zum Rheinland übergreifende Bürgerversammlungsbewegung.[71]

Als ein viertes Element der politischen Szene dürfen die fortdauernden antipreußischen Stimmungen und Bestrebungen besonders in den vormals sächsischen und mainzischen Südteilen der Provinz nicht unterschätzt werden. Sie entzündeten sich Ende 1847/Anfang 1848 akut an der Verurteilung des demokratischen Erfurter Stadtverordneten und Redakteurs des »Stadt- und Landboten«, Goswin Krackrügge, sowie an Polizeischikanen gegen die hallische »Freie Gemeinde«. Sie wurden dort ebenso wie in Eilenburg, Sangerhausen und in den Landkreisen Schleusingen und Worbis öffentlich bekundet. Baltzer erinnerte sich später, mit der Dorfjugend seines Geburtortes Hohenleipe bei Eilenburg gesungen zu haben: »Die Preußen haben das Land gestohlen, die Sachsen sollen es wieder holen.«[72]

Von großer Bedeutung für das Revolutionsgeschehen war fünftens, daß neben den preußischen Regierungs- und Militärbehörden schon im Vormärz zwei einflußreiche konservative Kreise bestanden. Den einen bildeten die neuorthodoxen und pietistischen Kräfte, die an der hallischen Universität seit den 20er Jahren als Gegengewicht zu den rationalistischen und später auch den junghegelianischen Hochschullehrern versammelt worden waren, voran die Professoren der Theologie August Tholuck und der Geschichte Heinrich Leo, oder die dem Magdeburger Provinzialkirchenkonsistorium angehörten, wie dessen Präsident Göschel und Superintendant Möller.[73] Der andere rekrutierte sich aus Angehörigen der prominentesten alteingesessenen Adelsfamilien der Altmark, des Nordbördegebietes und des Jerichower Landes, wie den von Alvensleben, von der Schulenburg, von Bismarck, von Wartensleben und von Gneisenau. Die Kontakte dieses Adelskreises zum Hof verdichteten sich, seitdem, von ihm angeregt, Friedrich Wilhelm IV. 1843 die Letzlinger Heide zum Hofjagdgebiet erklärt hatte. Das Personen und Ideen vermittelnde Verbindungsglied zwischen beiden konservativen Zentren war Ernst Ludwig von Gerlach.[74] Von Halle her, wo er mehr als zehn Jahre dem Stadt- und Landgericht als Direktor vorgestanden hatte und in enge Beziehungen zu Heinrich Leo getreten war, verlief seine Karriere über eine nur zweijährige Tätigkeit im Berliner Justizministerium zur 1844 erfolgenden Berufung als Präsident des Magdeburger Oberlandesgericht, welches Amt er dreißig Jahre lang innehatte. Als Mitglied des preußischen Staatsrates der Gesetzeskommission des Justizministeriums sowie durch die persönliche Verbindung zum König über seinen Bruder Leopold – Generalmajor und langjährig dem König befreundet, Haupt der Kamarilla aus dem Kreis der Generaladjutantur – verfügte Gerlach über großen Einfluß weit über die Provinzgrenzen hinaus. Folgenreich war, daß die von ihm und Leo vertretene Idee einer theokratisch-aristokratischen Lehensmonarchie den Vorstellungen König Friedrich Wilhelm IV. von einer »christlichen Monarchie« entsprach, in der die Zehn Gebote des Christentums im fundamentalistischen Sinne Norm einer staatlichen Gesetzgebung sein sollten. Gerlach stand in den 40er Jahren im Ruf eines Karrieremachers für junge Konservative. Er brachte seinen vormaligen Amtskollegen Göschel ins Amt des Konsistorialpräsidenten und entfachte über ihn eine Kampagne gegen die religiöse Opposition. Er zog auch den in Schönhausen geborenen, ehrgeizigen jungen Otto von Bismarck von Pommern 1846 wieder ins Jerichower Land. Zunächst wurde Bismarck dort Deichhauptmann für den Elbabschnitt von Jerichow bis Sandau, doch kam er in der Erwartung, bald den betagten Genthiner Landrat von Alvensleben-Redekin ablösen zu können.[75] Am 16. April 1847 formierten von Gerlach und Göschel zusammen mit Schulenburg-Emden, Alvensleben-Erxleben (preußischer Finanzminister 1835 - 1842, Förderer des Deutschen Zollvereins, auch weiter Berater der Krone) und Gneisenau-Sommerschenburg in der Provinz ein antiliberales Geheimbündnis. Bismarck zog im Mai 1847 für den erkrankten von Brauchitsch als provinzialsächsischer Ritterschaftsabgeordneter in den Berliner Vereinigten Landtag ein. Damit betrat er die politische Bühne, und zwar mit dem auch von ihm befürworteten Auftrag der magdeburgischen Stände, sich für die Erhaltung der Patrimonialgerichtsbarkeit stark zu machen.

Am 17. Mai trat der Junkerkonservative in seiner parlamentarischen »Jungfernrede« der Verfassungsforderung der Opposition entgegen, die vor ihm der ostpreußische Junkerliberale von Saucken-Tarputschen begründet hatte. Unter dem Beifall seiner Gesinnungsfreunde warf Bismarck sich am 1. Juni 1847 auch gegenüber einem vom provinzialwestfälischen Adelsliberalen Georg von Vincke vorgetragenen Antrag als Verteidiger der unbeschränkten Macht des Königs auf. Bei einem Empfang für die Ritterschaftsabgeordneten am 22. Juni sparte Friedrich Wilhelm IV. gegenüber Bismarck nicht mit Lob und Anerkennung.[76]

In der Revolution von 1848/49 erreichten die politischen Auseinandersetzungen um die bürgerlich-kapitalistische Umgestaltung Deutschlands ihren Höhepunkt. In der Revolution wurde letztendlich darüber entschieden, wer – ausgestattet mit der Macht des Staates – der abschließenden Etappe und damit dem Gesamtergebnis dieses Mondernisierungsprozesses den Stempel aufdrücken würde: wie bislang die sich zu Agrarkapitalisten wandelnden, überwiegend adligen Großgrundbesitzer oder das industrielle und kommerzielle Großbürgertum. Vom Verlauf und Ausgang der Revolution war abhängig, wieweit die Staats- und Rechtsverhältnisse demokratisiert werden konnten. Während das Revolutionsgeschehen in den anhaltischen Herzogtümern nur eine der vielen kleinstaatlichen Varianten bot, die ohne nennenswerten Einfluß auf den Gesamtverlauf der Revolution blieben, spielte Provinzialsachsen für Preußen nach Berlin und der Rheinprovinz und für Mitteldeutschland neben dem Königreich Sachsen in verschiedenen Phasen und mit spezifischen Kampfformen eine bedeutende Rolle.[77]

Unter dem Eindruck der französischen Februarrevolution ging seit Anfang März 1848 eine Welle revolutionärer Versammlungen und Erhebungen von West nach Ost über Deutschland hinweg. Die von der Mannheimer Volksversammlung am 27. Februar ausgelöste Adressenbewegung wurde in der Provinz Sachsen aufgenommen. Die von den Bürgerversammlungen oder von sich weiter politisierenden »Freien Gemeinden« initiierten, von Stadtverordnetenversammlungen und teilweise von Magistraten aufgegriffenen Adressen – 1. März Magdeburg, 6. März Halle und Nordhausen, 10. März

Merseburg, Schloß, Orangerie

Erfurt, 11. März Halberstadt, 13. März Zerbst und erneut Magdeburg – verlangten von König und Ministerium: Verfassung, bedeutend erweitertes Wahlrecht, Presse-, Versammlungs-, Vereins- und Religionsfreiheit, Trennung der Schule von der Kirche, Verminderung des stehenden Heeres, Gleichheit vor dem Gesetz, Einführung von Geschworenengerichten, Verantwortlichkeit der Minister.

Eine Sympathiekundgebung für Uhlich und den linksliberalen Stadtverordneten Kayser in Magdeburg setzte sich fort in Protesten vor den Gebäuden des Polzeidirektors von Kamptz und des Konsistorialpräsideten Göschel am Domplatz. »Nieder mit Kamptz! Es lebe Uhlich! Es lebe die Republik!« wurde gerufen. In Straßenkämpfen mit Infanterie- und Artilleriesoldaten wurden am 15. und 16. März mehr als 40 Demonstranten so stark verletzt, daß sie dem Krankenhaus zugeführt werden mußten.[78] Das geschah – ebenso wie am 14. März eine große Versammlung bewaffneter Massen in Dessau, in deren Gefolge eine liberale Regierung für Anhalt-Dessau unter Habicht und Köppe gebildet wurde[79] – schon vor dem Sieg der Revolution in Berlin am 18./19. März. Danach kam es – oft aus lokalen ökonomischen oder personellen Anlässen – in nahezu allen anderen Städten der Provinz zu revolutionären Unruhen von Handwerkern, Arbeitern und Stadtarmen. In Zeitz stürmten 2 000 die Korrektionsanstalt und zerstörten die Maschinen. In Benneckenstein besetzten ebenso viele bewaffnete Nagelschmiede und Landbewohner das Rathaus, hißten zwei rote Fahnen und erzwangen die Wiedereinführung des vom Magdeburg Konsistorium suspendierten Pfarrers. 400, überwiegend mit Gewehren bewaffnet, erzwangen am 8. April die Freilassung ihrer auf Geheiß der Erfurter Regierung verhafteten Führer, die von einem 130köpfigen Militärkommando der Nordhausener Garnison weggeführt werden sollten. Am 19. April zertrümmerten in Weißenfels Arbeiter aus Protest gegen die auf Lebensmittel erhobene Mahl- und Schlachtsteuer das Steueramt, wobei das preußische Hoheitszeichen abgerissen wurde.[80] Nach Anhalt-Dessau wurde auch in Anhalt-Bernburg nach vorangegangenen Auseinandersetzungen ein liberales Ministerium eingesetzt und ein – wegen seiner Zusammensetzung abfällig als »Handwerkerparlament« bezeichneter – Landtag gewählt. Im Ergebnis der Märzrevolution waren in Preußen und Anhalt Regierungen gebildet worden, deren Minister überwiegend dem liberalen Adel und Großbürgertum entstammten. Jahrzehntelang vorenthaltene Rechte und Freiheiten waren durch den Volkskampf erobert worden. Doch stand deren verfassungsmäßige Bestätigung noch aus, und der alte Staats- und Militärapparat blieb überall unangetastet.

Zu einer ersten Kraftprobe mit den gegenrevolutionären Adelsfraktionen kam es anläßlich der Wahlen zu den verfassungsgebenden Repräsentationen, zur Deutschen und zur Preußischen Nationalversammlung. Eine von Ende März bis zum Wahltermin am 1. Mai nicht abreißende Kette von Volks- und Bürgerversammlungen in allen Teilen der Provinz richtete sich gegen antidemokratische Manipulationen des Wahlverfahrens und damit der Wahlergebnisse, voran gegen die Ausschließung der weniger bemittelten Bevölkerungsteile (der Frauen ohnedies) und die Wahl der Abgeordneten durch zwischengeschaltete »Wahlmänner«. Am 8. April forderte Gustav Adolf Wislicenus in Naumburg, es sollte in der zu wählenden Deutschen Nationalversammlung nicht nur über das Schicksal Deutschlands beraten werden, sondern es gelte, sie zum parlamentarischen Entscheidungsgremium zu gestalten.[81] Trotz zahlreicher Wahlbehinderungen durch Gutsherren und Behörden wurden – auf indirektem Wege – in der Provinz und in den Herzogtümern überwiegend demokratische und liberale Politiker in die beiden Parlamente delegiert. Zu den 32 Abgeordneten der Frankfurter Nationalversammlung[82] gehörten der Arzt Friedrich Wilhelm Löwe aus Calbe an der Saale (Vizepräsident, am Ende Präsident des Parlaments), Justizkommissar Friedrich August Reinstein aus Naumburg (Schriftführer des Parlaments und seit 1851 in der Schweiz Leiter seines Emigrationsbüros), Heinrich August Simon für Magdeburg (einer der fünf 1848 vom Parlament gewählten Reichsregenten), der Heidelberger Professor Georg Gottfried Gervinus für Wanzleben-Oschersleben, die Hallenser Professoren Max Wolfgang Duncker für den Saalkreis, Rudolph Haym für Mansfeld und Karl Schwarz für Torgau-Liebenwerda. In die Preußische Verfassungsgebende Versammlung zogen unter anderem Uhlich für Neuhaldensleben, Baltzer für Nordhausen, Hermann Schule für Delitzsch und Krackrügge für Erfurt ein

sowie für Magdeburg Victor von Unruh – technischer Bau-
leiter der Potsdam-Magdeburger und der Magdeburg-Witten-
berger Eisenbahn –, der im Oktober zunächst zum Vizepräsi-
denten, dann zum Präsidenten des Parlaments gewählt wurde. Die konservativen Kandidaten des Junkertums erlitten fast
überall, selbst in ihrer Hochburg Jerichow-Altmark-Nordbörde
Niederlagen.[83] Doch täuschten sowohl die Teilnahme der Jun-
kerkonservativen an den Wahlen wie deren Ausgang über Absichten, Entschlossenheit und Stärke der gegenrevolutionären
Kräfte in der Provinz hinweg. Ludwig von Gerlach hatte schon
Mitte März in einem internen Rundschreiben an Bruder Leopold, Bismarck, Alvensleben, Gneisenau und Voß dazu aufge-
fordert, Preußen gegen die »revolutionäre Tyrannei« zu ver-
teidigen. Bismarck, der sich im vorjährigen Vereinigten Landtag empfohlen hatte, sollte an der Spitze einer Adelsfrond mit
Hilfe der in der Provinz stationierten Truppen die Hauptstadt
zurückerobern; ein solcher Zug wurde von Oberpräsident
Gustav von Bonin, General Hedemann, Gneisenau und Schulenburg für den 26. März ins Auge gefaßt, dann aber, als der
augenblicklichen Kräftekonstellation unangemessen, zurück-
gestellt.[84] Im Jerichower Gebiet hatte Bismarck dazu eine groß-
und mittelbäuerliche Reiterbrigade, mit welcher die aufbegeh-
rende klein- und unterbäuerliche Bevölkerung gezügelt werden sollte, mit Appellen an den naiven Monarchismus von
»guten König« und dessen »schlechten Staatsdienern« bere-
det, sich für die »Befreiung des Königs« bereitzuhalten.[85] Ein
von Carl Graf von der Schulenburg-Kehnert Ende März in der
Hauptstadt verfaßter Aufruf zielte darauf ab, daß »unser König unter seinen treuen Untertanen außerhalb Berlins deren
Vertreter (den ständischen Vereinigten Landtag, H.A.) um sich
am 2. kommenden Monats versammele, um mit ihnen das
Landeswohl und die weiteren Schritte der Regierung zu beraten.«[86] Das war der Versuch, Magdeburg und Umgebung zum
gegenrevolutionären Zentrum zu machen. Die Landräte von
Stendal und Wanzleben, von d. Schulenburg-Emden und von
Kotze, auch Bismarck in Schönhausen suchten von Dorf-
schulzen und Magistraten Unterschriften für dieses Manifest
zu erlangen, teilweise mit Erfolg. Die Magistrate von Egeln
und Wanzleben, wo das vorgelegte Schriftstück zerrissen wurde, weigerten sich. Der demokratische Justizkommissar Schulz

ließ als Vorsitzender des Wanzlebener Bürgerschutzvereins den Überbringer, Kreissekretär Gorgas, verhaften und mit Eskorte zum Oberpräsidenten nach Magdeburg überführen. Gorgas habe – wie Schultz in einem auch der Presse übermittelten Begleitschreiben feststellte – »durch eine reaktionäre Verschwörung der Burokratie und der Aristokratie ein Seitenstück zum Vendeekriege (konterrevolutionärer Aufstand während der Französischen Revolution, H.A.) liefern und noch mehr Bürgerblut opfern wollen.«[87] Die damit ausgelöste Protestwelle ließ das Komplott scheitern.

Nach einigen Anläufen schuf sich die Gerlach-Gruppe im Anschluß an die blutige Niederschlagung des Pariser Juniaufstandes publizistisch-organisatorische Stützen »zum Kampf gegen Anarchie und Republik«. Das war das Motto der nach internen Beratungen in Magdeburg seit dem 1. Juli in Berlin unter Gerlachs geistiger Führung erscheinenden »Neuen Preußischen Zeitung« (Kreuzzeitung). Otto von Bismarck, sein Bruder Bernhard und Graf Anton zu Stolberg-Wernigerode hatten es übernommen, das Zeitungsprojekt finanziell abzusichern; Gerlach brachte den Magdeburger Konsitorialassessor Hermann Wagener (später enger Vertrauter Bismarcks in dessen Ministerpräsidenten- und Kanzlerzeit) an die Spitze der Redaktion. Doch nahm Gerlach laufend auch direkten Einfluß auf das Blatt, und mit den von ihm verfaßten monatlichen »Rundschauen« der »Kreuzzeitung« machte sich der Magdeburger Oberlandesgerichtspräsident über viele Jahre zum Sprecher der hochkonservativen Kreise Preußens. Am 14. Juli und 24. Juli fanden in Magdeburg bzw. Halle die beiden ersten Generalversammlungen des ebenfalls mit tatkräftiger Beihilfe des Gerlach-Kreises gegründeten und junkerlich dominierten »Vereins für König und Vaterland« statt. Dieser zielte darauf, den gegenrevolutionären Kräften eine Massenbasis zu schaffen im Kampf gegen »falsche Volkssouveränität« und »Anarchie«. Gerlach leitete das geheime Komitee des Vereins, Wagener war Mitglied des offiziellen Vorstands. Obwohl Gerlach die »Ordnung« lieber auf dem kalten Wege des Staatsstreichs wiederherstellen und die Armee im Hintergrund halten wollte, wurden in Halle auch Stimmen laut, nach Pariser Vorbild »Berlin mit Bajonetten und Kanonen« zu umgeben.[88] In der Provinz entstand schnell ein Netz von Lokalorganisationen und angeschlossenen Veteranen-, Handwerker-, Bauern-, »Preußen«- und anderen Vereinen.

Je mehr die Konterrevolution sich offen regte, umso mehr äußerten Stadt- und Landbewohner in einer ansteigenden Welle von Versammlungen, mit Adressen an die Nationalversammlungen, an Ministerium und König ihre Bereitschaft, an den »Märzerrungenschaften« festzuhalten bzw. sie auszubauen. Am 15. Juli schlossen sich Delegierte von 13 liberalen Vereinen zum »Zentralverein der konstitutionellen Klubs der Provinz Sachsen« zusammen, erst am 18. September gelang die Gründung eines »Kreisausschusses der demokratischen Vereine« nach dem Muster der Rheinprovinz. Die republikanischen Demokraten waren bei weitem am stärksten im Saale-Unstrut-Gebiet. Schon bei einer Merseburger Gedächtnisfeier für die Berliner Märzgefallenen am 25. Juni hatte vor 8 000 Teilnehmern eine »republikanische Fahnenweihe« unter der Losung »Alles durch das Volk, alles für das deutsche Vaterland« stattgefunden.[89] Am 20. August sprachen in Naumburg vor fast 10 000 Menschen mehrere Redner für die Republik, weil nur sie Gewähr gegen die aristokratisch-monarchische Konterrevolution bieten könne.[90] Bei einem »Verbrüderungsfest« in Mücheln am 3. September verpflichtete der Arzt Dr. Sachse als Vorsitzender des Merseburger demokratischen Bürgervereins die Tausende von Unstruttalbewohner und starken Abordnungen aus Merseburg, Weißenfels, Naumburg, Querfurt, Eisleben, Leipzig und anderen Orten auf die »rote« (d.h. damals demokratische) Republik, die der Wohlfahrt der breiten Massen dienen und kompromißlos den gegenrevolutionären Kräften entgegenwirken sollte.[91]

Für Anhalt war zum 23. Juli ein Gesamtlandtag einberufen worden, welcher eine Verfassung für alle drei Herzogtümer ausarbeiten sollte. Präsident dieses ersten anhaltischen Vereinigten Landtags war der Köthener Oberlandesgerichtsrat Wolter; zu den Abgeordneten zählten die entschiedenen Demokraten Alfred von Behr und Ernst (Enno) Sander. Ein Köthener Sonderlandtag verabschiedete am 29. Oktober mit der Unterzeichnung durch den regierenden Herzog diejenige deutsche Revolutionsverfassung, die den Bürgern die weitreichendsten demokratischen Rechte einräumte. Als aber am 12. November aus diesem Anlaß in Köthen ein großes

Geburtshaus Georg Friedrich Händels

»Konstitutions- und Verbrüderungsfest« begangen wurde, waren die Würfel bereits anders gefallen.

Nach der blutigen Niederwerfung des Wiener Oktoberaufstandes am 31. Oktober wurde am 1. November mit dem Rücktritt des noch verhalten- gegenrevolutionären Ministeriums von Pfuel in Preußen der vom Gerlach-Bismarck-Kreis seit September intensiv vorbereitete November-Staatsstreich ausgelöst: Einsetzung des reaktionären Ministeriums von Brandenburg-Manteuffel, militärische Besetzung Berlins, Verhängung des Belagerungszustands Vertagung bzw. Verlegung der Nationalversammlung von Berlin nach Brandenburg mit dem Ziel ihrer anschließenden Auflösung. Die letzten Absprachen mit dem König waren am 28. Oktober anläßlich eines als »Ergebenheitsbesuch« bemängelten Zusammentreffens Bismarcks und seiner Jerichower Standesgenossen getroffen worden, zu dem sich andere führende Vertreter des gegenrevolutionären Komplotts eingefunden hatten: Ludwig von Gerlach bezeichnete Bismarck in einer Tagebuchaufzeichnung vom 12. November als »den sehr tätigen und intelligenten Adjutanten unseres Kamarilla-Hauptquartiers«. Die Mehreit der rechtmäßig vom Volke gewählten Berliner Nationalversammlung widersetzte sich; auf Antrag von Schultz-Wanzleben rief sie zum Widerstand mittels Steuerverweigerung auf. Pfarrer Hildenhagen appellierte in einem in seinem gesamten Wahlkreis Bitterfeld plakatierten Aufruf »An die Väter und Mütter des preußischen Heeres«, zu veranlassen, daß ihre als Soldaten dienenden Söhne sich nicht von der Konterrevolution mißbrauchen ließen und auf die Seite des Volkes übergingen. In vielen Städten und Dörfern der Provinz wurde der Aufruf zur Steuerverweigerung befolgt. In Aschersleben, Eckartsberga, Eisleben, Halberstadt, Halle, Magdeburg, Naumburg, Oschersleben, Zeitz und in anderen Orten entstanden »Sicherheitsausschüsse«, die sich auf bewaffnete Einheiten stützten. In Merseburg und Weißenfels wurden zeitweise die Bahnhöfe besetzt und damit Truppentransporte nach Berlin blockiert.[92] Am wirkungsvollsten war die Tätigkeit des Halberstädter Sicherheitsausschusses unter der Präsidentschaft des Justizauskultators Gustav Bertog. Doppelwachen sicherten die gesamte Stadt, Bevollmächtigte suchten die umliegenden Orte auf, organisierten dort Volksversammlungen, forderten dazu auf, sich zur Gegenwehr bereitzuhalten. Erst unter Einsatz von Militär wurde das Halberstädter Widerstandszentrum Ende November aufgelöst: »Hier nahm der Sicherheitsausschuß den Charakter einer provisorischen Regierung an und dehnte seine Tätigkeit in die Umgegend bis nach Aschersleben aus«, urteilte anschließend die Magdeburger Regierung.[93] Eine von Dr. Carl Stockmann geführte »Freischar« schützte zwei Wochen lang im Kreis Eckartsberga, gestützt auf ein Verbindungsnetz demokratischer Vereine, die Steuerverweigerungsaktionen vor polizeilichen Gegenmaßregeln. Die aus über 1000 bewaffneten Landbewohnern und Arbeitern bestehende, auch mit Pferden versehene »mobile Kolonne« war in einem Fahneneid auf die Beschlüsse und Befehle der Nationalversammlung vereidigt; als Militär gegen sie eingesetzt wurde, löste sie sich auf. »Ähnliche Kolonnen bildeten sich in Groß-Gestewitz, Hohenmölsen, Löbnitz, Naumburg, Osterfeld, Schkölen, Stößen und Teuchern – ausschließlich in »mußpreußischen«, vormals sächsischen Teilen der Provinz.[94]

Mit der Oktroyierung einer Verfassung – die zur Besänftigung von Bürgertum und Volksmassen aus dem Konstitutionsentwurf der Berliner Nationalversammlung nicht wenige liberale Rechte und Freiheiten übernahm –, mit der gleichzeitigen Auflösung des vom Volke gewählten Parlaments durch König Friedrich Wilhelm IV. am 5. Dezember und mit dem widerstandslosen Auseinandergehen der Abgeordneten hatte nach Österreich in dem zweiten deutschen Großstaat die aristokratische Konterrevolution gesiegt.

In Anhalt-Bernburg wurde im Dezember mit preußischer Beihilfe der Landtag aufgelöst und ebenfalls eine relativ liberale Verfassung oktroyiert. Ein demokratischer Protest in Bernburg wurde am 16. März 1849 vom Militär unter Einsatz der Schußwaffen niedergeworfen. Vor dem Regierungsgebäude auf dem Altstädtischen Markt wurden zwölf »Aufrührer« erschossen, abgesehen von Teilnehmern an den Berliner Märzkämpfen und an der Reichsverfassungskampagne im Mai 1849 waren das die einzigen Revolutionsopfer des sachsen-anhaltischen Raumes.

Die Verfassung in Anhalt-Dessau hatte bis 1851 Bestand. Sie schaffte Stände, Adel, geistliche Schulaufsicht, Steuer- und Jagdprivilegien ab, sicherte staatsbürgerliche Rechte und legte – nach französischem Vorbild – die Bildung von Arbeiter-kommissionen zur »Lösung der sozialen Frage« fest.[94] Die Leitung des Berliner »Zentralausschusses der demokratischen Vereine« verlegte im Dezember ihren Sitz nach Köthen.

In den Protesten gegen Willkürmaßnahmen der preußischen Regierung und in der Bewegung für die Anerkennung der Ende März von der Deutschen Nationalversammlung angenommenen Reichsverfassung äußerte sich ein letztes Aufbegehren gegen die Niederlage der Revolution. Friedrich Wilhelm IV. hatte am 3. April 1849 (endgültig am 28. April zusammen mit der Reichsverfassung) die ihm von der Nationalversammlung angetragene deutsche Kaiserwürde abgelehnt; er wollte die Kaiserkrone aus den Händen der Fürsten, nicht aber von Volksvertrern entgegennehmen, die daran »den Ludergeruch der Revolution« geheftet hätten. Gegenüber dem zur Frankfurter »Kaiserdeputation« gehörenden anhalt-dessauischen Abgeordneten Julius Carl Pannier äußerte sich der preußische König:

»Dessau hat mir im vorigen Jahr auch viel Kummer gemacht... Sie werden mir beipflichten: Gegen Demokraten helfen nur Soldaten.«[96] Auf einer auch aus anderen Orten der Provinz besuchten Volksversammlung in Magdeburg unterzeichneten am 4. Mai 4 394 Teilnehmer eine Protestadresse. Sie verwahrten sich gegen die Unterstellung der Regierung, daß das preußische Volk damit einverstanden wäre, daß der König die ihm von der Nationalversammlung angetragene Kaiserkrone zurückgewiesen und die Reichsverfassung abgelehnt habe.[97] Aus der Provinz, vornehmlich aus den südlichen Kreisen, und aus Anhalt nahm eine Reihe von Demokraten am bewaffneten Kampf zur Verteidigung der Reichsverfassung im benachbarten Königreich Sachsen sowie auch in der Pfalz und in Baden teil. In der Provinz selbst kam es im Kreis Nordhausen und in Mühlhausen (10.5.) sowie in Magdeburg (14.5.) zu Unruhen. In Burg lehnte sich am 18. Mai das Landwehrbataillon gegen den Militäreinsatz auf, mit dem die Reichsverfassungskampagne in Südwestdeutschland blutig niedergeworfen wurde.

Wappen von Sachsen-Zeitz

Die 50er und 60er Jahre – Revolutionsfolgen und Reichseinigung

Das öffentliche Leben in der Provinz und in den anhaltischen Herzogtümern war in der ersten Hälfte der 50er Jahre bestimmt von Auseinandersetzungen um die Ergebnisse von Revolution und Gegenrevolution, und zwar auf dem Hintergrund eines die sozialen Spannungen entlastenden wirtschaftlichen Aufschwungs. Die per Staatsstreich in Preußen wieder an die Regierung gelangten adlig-restaurativen Kräfte etablierten, um offenen Widerstand nicht hauszufordern, nur schrittweise und mit Konzessionen die vormärzlichen Zustände. Die monarchisch- konstitutionellen, liberal-bürgerlichen Inhalte der im Preußen im Dezember 1848 »oktroyierten Verfassung« wurden 1849 und weiter noch 1850 »revidiert« sowie durch Verordnungen und Gesetze eingeschränkt; vor allem wurde die Machtstellung des Königs und des von ihm eingesetzten Ministeriums auf Kosten der gewählten Repräsentativvertretung gestärkt. Das aus dem Verfassungstext der Nationalversammlung in die »oktroyierte Verfassung« übernommene allgemeine, gleiche und geheime, allerdings indirekte (Wahlmänner) und allein den Männern zugebilligte Wahlrecht wurde durch das Dreiklassenwahlrecht ersetzt, welches in Preußen bis zum Ersten Weltkrieg gültig blieb.

Indem es das Gewicht der Wählerstimme nach dem Anteil am Direktsteueraufkommen bemaß, bevorteilte es die besitzenden Bevölkerungsgruppen – auf dem Lande die Großgrundbesitzer (denen in der Revolution der Rest ihrer Steuerprivilegien genommen worden war) und in den Städten die Großkapitalisten. Manchmal hatte eine einzige ihrer Stimmen bei der Wahl der Wahlmänner ebensoviel Gewicht wie zehntausend Stimmen von Kleinverdienern und Kleinsteuerzahlern, deren hauptsächlich indirekt, über den Kauf von Konsumgütern erbrachtes Steueraufkommen dabei unberücksichtigt blieb.

Die demokratischen »Vereine zur Wahrung der Volksrechte«, die sich nach der Oktroyierung der Dezemberverfassung in zahlreichen Städten der Provinz konstituiert hatte, protestierten vehement gegen den undemokratischen Wahlmodus.

Am 11. Juni 1849 gründeten sie im anhaltischen Köthen ein »Provisorisches Centralcomité zur Wahrung eines allgemeinen Wahlrechts im preußischen Staat«, welches seinen Sitz in Magdeburg nahm und Zweigvereine in anderen Provinzen gründen half. Der vom »Centralcomité« propagierte Boykott der Wahlen erleichterte es am Ende den Konservativen, die absolute Mehrheit in der Zweiten Kammer des Preußischen Landtags zu erlangen. In Magdeburg z.B. hatten wirklich am 17. Juli von den 10 262 Wahlberechtigten lediglich 2 054 ihre Stimme abgegeben.[98]

Im Dezember 1848 wurde in Preußen die ultrakonservativ-restaurative Regierung von Manteuffel eingesetzt, was verbunden war mit einem antiliberalen Personalwechsel in Behörden, Universitäten, Schulen und Kirche. Eine sechsköpfige Hofkamarilla, zu der die beiden Brüder von Gerlach und auch Anton zu Stolberg-Wernigerode gehörten, bestimmte fast total alle Bereiche der Staatspolitik an Stelle des zunehmend geisteskranken Königs. Die nun einsetzende und bis 1858 dauernde Periode innenpolitischer Reaktion sollte die liberal-demokratischen »Märzerrungenschaften« beseitigen; denn nach Auffassung der Ultrakonservativen hatte die demokratische Revolution nichts Erhaltenswertes hervorgebracht, sondern – wie sich Ludwig von Gerlach mehrfach äußerte – lediglich »Märzschutt« hinterlassen. Von den liberalen und demokratischen Abgeordneten des Frankfurter Parlaments wurden einige empfindlich gemaßregelt und verfolgt. Löwe wurde zu lebenslänglichem Gefängnis verurteilt, er hatte sich aber schon zuvor in die Schweiz, von dort aus (bis 1861) in die USA geflüchtet. Reinstein wurde in Abwesenheit von einem Naumburger Schwurgericht »wegen Hochverrats« lebenslänglich mit Zuchthaus bestraft, er mußte wie Tausende andere Vorkämpfer für ein freiheitlich-demokratisches Deutschland auch – die damit keinen Einfluß mehr auf die grundlegenden nationalpolitischen Entscheidungen der 60er Jahre nehmen konnten – das »bittere Brot der Emigration« bis zu seinem Tode kosten.

Bereits mit dem Gesetz vom 11. März 1850 (das bis 1900, in Teilen noch darüber hinaus in Kraft blieb) war in Preußen das durch die Verfassung garantierte Vereins- und Versammlungsrecht wesentlich beschränkt worden. Politische Vereine durften danach nicht miteinander in Verbindung stehen, ihre Statuten mußten polizeilich genehmigt, ihre Mitgliederlisten vorgelegt werden; Versammlungen unterlagen der polizeilichen Zulassung und Aufsicht. Die »Konstitutionellen Klubs« und Bürgerwehren in der Provinz lösten sich vielfach selbst auf. Doch blieb die weitverbreitete und angesehene »Magdeburgische Zeitung« als liberales Zentraum erhalten. Der demokratische »Verein zur Wahrung der Volksrechte« wurde 1851 verboten. Gegen die »Freien Gemeinden« veranstalteten die Behörden ein aus dem Gerlach-Kreis von Berlin und Magdeburg her gesteuertes regelrechtes Kesseltreiben, welches vielfach – wie in Magdeburg – zu ihrem Verbot führte.

Die Reaktion in Anhalt lehnte sich eng an Preußen an, oder sie wurde von dort aus vorangetrieben. Am 10. Juli 1849 mußte das liberale Ministerium Habicht-Köppe gehen. Der zweite anhaltische Vereinigte Landtag, welcher an der Oktoberverfassung festhalten wollte, wurde am 12. November entlassen. Bei der Neuwahl des Anhalt-Köthener Landtags am 26. November griff der Herzog mit einem Aufruf »An mein Volk« ein: Es sollten nicht solche Angeordneten gewählt werden, welche ausgäben, ihnen liege das »Wohl des Landes« am Herzen, sondern allein solche, die sich zu den »Segnungen des Herzogshauses« bekennen würden.[99] Am 12. Juni 1850 fiel in Köthen die demokratische Gemeindeordnung vom 24. November 1848; nunmehr waren Grundbesitz oder selbständige Ausführung eines Gewerbes Voraussetzung für das Bürgerrecht, alle »Nicht-Eigentümer« waren ausdrücklich davon ausgeschlossen. Bei den Gemeindewahlen hatten die wenigen Wahlberechtigten außerdem beim Wahlvorstand mündlich zu Protokoll zu geben, wem sie ihre Stimme gaben.[100] Eine Berliner Note vom 4. Dezember 1850, welche die Zustände in den Herzogtümern als gefahrvoll auch für Preußen erklärte, bewirkte schon am 24. Dezember ein dem preußischen Vereinsgesetz nachgebildetes Gesetz »über die Verhütung eines die gesetzliche Freiheit störenden Mißbrauchs des Versammlungs- und Vereinsrechtes«. Alle Volksvereine und oppositionellen Zeitungen wurden unterdrückt, den Mitgliedern der »Freien Gemeinden« das Wahlrecht entzogen. Eine Verordnung des Dessauer Herzogs Leopold Friedrich löste am 21. Juli 1815 den Landtag auf. Gegen den Verfassungsbruch protestierten

Halle, Salzwerk

1 200 Männer und Frauen in einer als Volksfest in Alten bei Dessau durchgeführten Kundgebung; Militär trieb sie auseinander. Am 4. November 1851 wurden die Verfassung von 1849 aufgehoben, Gesetze aus der Revolutionszeit außer Kraft gesetzt; das auf der Verfassung beruhende »Arbeiterbureau« in Dessau geschlossen. In Anhalt-Bernburg »revidierte« der schon 1850 an die Spitze des Ministeriums gestellte preußische Regierungsrat und enge Vertraute Ludwig von Gerlachs, Max von Schätzel, die oktroyierte Verfassung. 1859 wurde für Anhalt insgesamt eine Landordnung vereinbart, mit der das altständische Vertretungssystem restituiert und bis 1918 bewahrt wurde. Nach dem Tode des kinderlosen Herzogs Alexander Karl von Anhalt-Bernburg – er war schon seit seiner Inthronisierung im Jahre 1834 regierungsunfähig – wurde Anhalt 1863 in der Hand des Dessauer Herzogs Leopold Friedrich nach fast sechshundert Jahren wieder zu einem Staat vereinigt.

Daß die Ideen der Revolution dennoch wachblieben, davon zeugt ein im Dezember 1854 bei einem Magdeburger Schriftsetzergehilfen beschlagnahmtes Flugblatt, »Das demokratische Glaubensbekenntnis«. Darin hieß es: »Ich glaube an ein einiges deutsches Vaterland..., an eine persönliche und politische Freiheit..., ich glaube an eine allgemeine Verbrüderung aller Republikaner, an den Ablaß von Steuern und Abgaben, an die unverjährbaren Menschenrechte, an ein deutsches freies republikanisches Leben.«[101] In einem Haus in der hallischen Altstadt hinterließen 1856 Zimmerleute die Inschrift »Wir erwarten das neugeborene Kind, die Republik. Wir wünschen, daß recht bald Freiheit, Gleichheit und Brüderlichkeit eintreten möge.«[102]

Die innenpolitische Stabilisierung der Adelsmacht ging einher mit einer wirtschaftspolitischen Gesetzgebung, die Hindernisse aus dem Weg räumte, welche der noch schnelleren, ungestörten Entfaltung kapitalistischer Unternehmensformen in Stadt und Land im Wege standen. Am bedeutsamsten war das am 2. März 1850 erlassene »Gesetz über die Ablösung der Reallasten und die Regulierung der gutsherrlichen und bäuerlichen Verhältnisse«. Es schloß die Kette der Agrarreformgesetze ab, die 1807 mit dem Steinschen Oktoberedikt ihren Anfang genommen hatte. Die Regulierung war jetzt für alle

Bauernstellen möglich und auch auf Antrag des Bauern; die Ablösungssumme betrug den 18- bis 20fachen Betrag des Jahreswertes der bisherigen bäuerlichen Verpflichtungen. Während im Regierungsbezirk Magdeburg bis Ende 1848 schon 48 648 Spanndiensttage und 108 040 Handdiensttage abgelöst worden waren und bis 1865 lediglich noch 5 736 bzw. 22 390 Diensttage folgten,[103] war im Regierungsbezirk Merseburg nach der Revolution noch etwa die Hälfte der Bauernstellen zu regulieren. Dabei handelte es sich fast ausschließlich um Kleinbauern, denen es nicht möglich war, die Ablösungssummen auf einmal aufzubringen. Der preußische Staat richtete daher »Landrentenbanken« ein, die eine Zwischenfinanzierung vornahmen, wodurch aber die abgelösten Bauern bis ins nächste Jahrhundert hinein mit Zinszahlungen in durchschnittlich anderthalbfacher Höhe der Ablösungssumme belastet wurden. Viele der Kleinbauern, deren Stellung nicht selten zusätzlich durch Erbteilungen geschwächt wurde, konnten in schlechten Erntejahren ihren Verpflichtungen nicht nachkommen. Obwohl die Landrentenbanken stundeten, mußten nicht wenige den Betrieb aufgeben oder nebenher von Lohnarbeit beim Gutsbesitzer oder Großbauern die Familie ernähren. Häufig im Wege des Generationswechsel suchten sie in der Stadt, wo die Industrialisierung in den 60er Jahren einen immer stärkeren Arbeitskräftebedarf hervorbrachte, ein neues Auskommen. Die älteren, aus dem Produktionsprozeß ausscheidenden Menschen wurden nicht mehr ersetzt; die Zahl der landwirtschaftlichen Betriebe insgesamt und der in der Landwirtschaft überhaupt beschäftigten Personen sank. Durch Verordnung vom 2. Januar 1849 und abschließend durch ein Gesetz vom 26. April 1851 wurde unter dem Eindruck der Bauernbewegung während der Revolution in Preußen die Patrimonialgerichtsbarkeit abgeschafft. Doch blieb die Polizeigewalt der Gutsherren bestehen, welche alle Bereiche der Gemeindeverwaltung umfaßte.

In Anhalt hatten die sich von den feudalen Verpflichtungen ablösenden Bauern bis 1865 355 804 Taler an Entschädigungen, zuzüglich 56 311 Taler für Zinsen zu begleichen. Allein das Herzoghaus als in Anhalt bei weitem größte vormalige Grundherrschaft hatte bis dahin aus der nach preußischen Vorbild über Landrentenbanken abgewickelten Ablösung Einnahmen von 2 492 16 Taler. Der herzogliche Grundbesitz umfaßte in Anhalt selbst 28 500 Hektar Domänengüter und 43 065 Hektar Forsten (dazu 28 620 Hektar in Sachsen und Preußen).[104]

Die enormen Ablösungssummen, die den Rittergutsbesitzern zuflossen und ihnen eine betriebswirtschaftliche Intensivierung mittels des Einsatzes von Maschinen, künstlichen Düngemitteln usw. ermöglichten, verhinderten nicht, daß auch in Provinzialsachsen der Großgrundbesitz im wachsenden Maße verschuldete. Ein bedeutender Teil der Einnahmen floß offensichtlich in den Konsum; um liquide zu bleiben, wurde die mit den höheren Agrarerträgen sich erhöhende Hypothekenkapazität immer mehr in Anspruch genommen; in Jahren rückläufiger Preise für landwirtschaftliche Produkte konnten dann die Ausstände nicht mehr bedient werden. Von 366 Rittergütern des Regierungsbezirkes Magdeburg waren schon 1855 227, von 541 des Regierungsbezirkes Merseburg 265 verschuldet.[105] Der anhaltende Eisenbahnboom und die beschleunigte Industrialisierung machten den Großagrariern die Beschaffung zinsgünstiger Kredite schwieriger; ökonomisch gerieten sie gegen dem Besitzbürgertum nun immer deutlicher ins Hintertreffen. Es wuchs der Anteil von Rittergutsbesitzer bürgerlicher Herkunft, die sich Güter gekauft, ersteigert oder in sie eingeheiratet hatten, schon 1857 standen im Regierungsbezirk Magdeburg 131 bürgerliche 245 adligen, im Regierungsbezirk Merseburg sogar 308 bürgerliche 274 adligen gegenüber. Während in den Kreisen Osterburg, Wanzleben, Oschersleben, Saalkreis, Schweinitz, Bitterfeld, Merseburg, Weißenfels, Zeitz und Nordhausen schon bürgerlicher Besitz überwog, waren in der Altmark und im Jerichower Land noch zwei Drittel in der Hand des Adels. In Anhalt befanden sich von den 47 Rittergütern 11 in bürgerlichen Hände. Die Zahl der Wirtschaften mit mehr als 150 Hektar stieg von 1849 bis 1858 in der Provinz von 835 auf 1239, wobei der Anteil der Rittergüter rückläufig war. 1855 gehörten zur Betriebsgrößengruppe von über 150 Hektar ganze 0,57 Prozent aller Grundbesitzer, die jedoch über 30,23 Prozent der Fläche verfügten.[106] In der Provinz stand der preußische Domänen- und Hausfiskus mit rund 55 000 Hektar, das anhaltliche Herzogshaus mit 5 200 Hektar, die Grafen zu

Leopold III Friedrich Franz

Stolberg-Wernigerode mit 15 800, zu Stolberg-Roßla mit 9 500 und zu Stolberg-Stolberg mit 8 000 Hektar, die Grafen von der Asseburg-Meisdorf mit 7 700 Hektar und die Herzöge von Braunschweig mit 5 500 Hektar weit an der Spitze.

Das Gesetz vom 12. Mai 1851, welches Investitionen in den Bergwerken ohne staatliche Genehmigung gestattete und die Gründung von Aktiengesellschaften in Industrie, Bergbau, Verkehrs- und Bankwesen wesentlich erleichterte bzw. erst ermöglichte, beschleunigte die industriell-kapitalistische Entwicklung der Provinz Sachsen in erheblichem Maße. Die Zusammenlegung von Kapitalien erlaubte die Gründung immer größerer, leistungsfähigerer Unternehmen. Unter anderem bildete sich auf dieser Grundlage sogleich 1852 die »Mansfeldsche Kupferschieferbauende Gewerkschaft« als damals größtes mitteldeutsches Industrieunternehmen, welches Bergwerks- und Hüttenbetriebe vereinte. 1861 wurden in den beiden mansfeldischen Revieren, nun auf wenige große Schachtanlagen und Hütten konzentriert, von 3 700 Arbeitern neun zehntel des Kupfers in Deutschland gewonnen.

Für die – schon weiter oben beschriebenen – Entwicklungen in der Rübenzuckerindustrie, im Braunkohlen- und Kalisalzbergbau, in der Chemieindustrie war die auf breiter Front erfolgende Einführung der Dampfkraft das markante Zeichen des Übergangs zur fabrikmäßigen Produktion auf höherem Niveau. Zwischen 1846 und 1861 stieg im Regierungsbezirk Magdeburg die Zahl der eingesetzten Dampfmaschinen in der Zuckerindustrie von 35 auf 387 (1867 weiter auf 486), in den Maschienfabriken von 6 auf 36, in der Mühlenindustrie von 11 auf 43, in der Textilindustrie von 5 auf 27. Der Regierungsbezirk stand 1861 mit insgesamt 814 Dampfmaschinen nach dem Regierungsbezirk Düsseldorf (918) in Preußen (und damit in Deutschland) an zweiter Stelle. Dafür bildete die Braunkohlengewinnung eine entscheidende Voraussetzung. In diesem Wirtschaftszweig stieg die Zahl der Dampfmaschinen zwischen 1847 und 1858 von 5 auf 42. Mit ihrer Hilfe konnte zur Kohlegewinnung aus tieferen Schächten übergegangen werden; zwischen 1853 und 1868 stieg die Zahl der mit Dampfkraft angetriebenen Fördermaschinen von 5 auf 44. Doch kam im Aschersleber Revier noch 1868 in 9 Tiefbaugruben ausschließlich Menschenkraft zum Einsatz.[107] Eine Schlüsselrolle in der nun ihren Höhepunkt erreichenden Industriellen Revolution kam den produktionstechnischen Fortschritten im Maschinenbau zu; in zunehmendem Umfang wurden in den 60er Jahren wissenschaftliche Methoden bei der Konstruktion von Maschinen eingeführt. Mit der Herstellung von Werkzeugmaschinen und dem Übergang zur arbeitsteilig-spezialisierten Maschinenherstellung konnte der englische Vorsprung aufgeholt werden. Zu Pfingsten 1856 wurde im anhaltischen Alexisbad der »Verein Deutscher Ingenieure« gegründet. Magdeburg, aber auch Halle und andere provinzialsächsische und anhaltische Städte wurden zum Standort von Maschinenfabriken, die den wachsenden Bedarf der Industrie, der Landwirtschaft, von Bergbau und Verkehrswesen nach Produktions- und Antriebsmaschinen erfüllten. Die Maschinenfabrik Buckau erwarb sich mit der Einführung der Corliss-Steuerung für Dampfmaschinen, dem Bau der ersten Dampfgroßpumpe und der Entwicklung von Großdampfmaschinen mit bis zu 300 PS damals den Ruf, eine der »klassischen Stätten des Dampfmaschinenbaus« zu sein. Mit der Produktion von Dampfbaggern, die bei der in den 60er Jahren aufgenommenen Regulierung von Elbe und Saale (Begradi-gungen, Vertiefungen und Buhnenbau) zum Einsatz gelangten, wurde die Grundlage für den späteren Großbaggerbau zur Braunkohlenförderung gelegt. Die Eisengießerei von Hermann Gruson war zunächst in bedeutendem Maße auf Eisenbahnmaterialien orientiert, für die die Nachfrage mit der zweiten Welle des Streckenausbaus seit 1855 sprunghaft stieg.[108] Mit seiner Erfindung des Eisenhartgusses konnte Gruson die teureren schmiedeeisernen und stählernen Eisenbahnräder sowie Herz- und Kreuzungsstücke von Schienen verdrängen. Schon Anfang der 60er Jahre begann der Magdeburger Unternehmer im Zusammenhang mit der preußischen Heeresreform Panzerstände für Landbefestigungen sowie stahlbrechende Grananten herzustellen. Für beide erhielt Gruson nicht nur hohe preußischdeutsche Auszeichnungen, sondern – nachdem er sein Kriegsmaterial 1867 seit der Pariser Weltausstellung an die äußeren Gegner der nationalstaatlichen Einigung Deutschlands verkaufte – auch das Kreuz der französischen Ehrenlegion.[109] Als Rüstungsproduzent hatte in der Provinz schon früher Johann Nikolaus Dreyse in Sömmerda Gewinn und Anerkennung erzielt. Auf der Grundlage seiner 1824 in Preußen patentierten Erfindung des Perkussionsgewehrs (Hinterlader mit Zündnadel für Patronen mit Zündhütchen) entstand eine große Gewehrfabrik. Bereits die preußischen Regimenter, die 1849 zur Niederwerfung der für die Reichsverfassug kämpfenden badisch-pfälzischen Revolutionsarmee eingesetzt wurden, waren mit seinem Schnellfeuergewehr ausgerüstet; in den Kriegen von 1864 und 1866 gegen Dänemark und Österreich trug Dreyses Erfindung wesentlich zur waffentechnischen Überlegenheit der preußischen Armee bei. Dreyse wurde mit höchsten preußischen Auszeichnungen bedacht und schließlich auch geadelt.[110] Rudolf Wolf unternahm 1862 in Buckau bei Magdeburg als einer der ersten deutschen Maschienfabriken den Versuch einer Produktionsspezialisierung; was ihm gestattete, von der bisher üblichen Ausführung von Einzelaufträgen zur Serienproduktion bestimmter Maschinentypen überzugehen. Er ließ fahrbare und stationäre Lokomobilen als Antriebsmaschinen in der Landwirtschaft und Industrie produzieren. Der Mechaniker Bernhard Schäffer, Erfinder des Plattenfeder-Manometers, und der Kaufmann Christian Friedrich Budenberg gründeten 1850 in Magdeburg eine bald nach Buckau verlegte und vergrößerte Meßgerätefabrik, deren Hauptprodukt für alle deutschen Dampferzeugungsanlagen verbindlich vorgeschrieben wurde. Es trat damals ein neuer Unternehmertyp hervor, der Ingenieur-Unternehmer und Chemiker-Unternehmer, der mit eigenem oder aufgenommenem Ausgangskapital oder auch durch Verbindung mit einem Vertreter des Kaufmannskapitals seine Erfindungen gewinnbringend vermarktete.

Der industrielle Aufschwung wurde 1857/58 von einer Wirtschaftskrise unterbrochen. Das Industrie- und Handelsbürgertum spürte wieder deutlicher die staatliche Enge und den weitgehenden Ausschluß von den politischen, also auch wirtschaftspolitischen Entscheidungsgremien des Staates. Mit dem Thronwechsel, der 1858 in Preußen erfolgte, war nicht nur die Ablösung des Ministeriums Manteuffel, sondern dazu die Auflösung der Hofkamarilla verbunden. Leopold von Gerlach wurde als Generaladjutant des Königs durch den im provinzialsächsischen Eichenbarleben begüterten Gustav von Alvensleben ersetzt, Ludwig von Gerlach schied als Chef der

Schloß Wörlitz

konservativen Landtagsfraktion aus, verzichtete fortan sogar auf jedes parlamentarische Mandat. – Die Italiener führten 1859 einen erfolgreichen Einigungskrieg gegen Österreich, im bonapartistischen Frankreich wurden zugleich Ansprüche auf die linksrheinischen deutschen Territorien laut. – Alles das brachte die nationale Bewegung wieder in Fluß. Der 100. Geburtstag Friedrich Schillers am 10. November 1859 wurde auch in der Provinz und in Anhalt – voran in Magdeburg mit einem Tausende vereinigenden Chorkonzert auf dem Alten Markt, in Halle, Naumburg, Halberstadt und Bernburg – als Nationalfest für den »Nationaldichter« begangen.[111] Unter maßgeblicher Mitwirkung von Hermann Schulze-Delitzsch und Victor von Unruh, der seit 1855 als Direktor der »Deutschen Kontinental-Gasgesellschaft« lebte, aber über viele Wahlperioden für Magdeburg als Abgeordneter wirkte, wurde 1859 der »Deutsche Nationalverein« ins Leben gerufen, welcher sich die »Einigung und freiheitliche Entwicklung des großen gemeinsamen Vaterlandes« auf konstitutionellem Wege und unter preußischer Führung zum Ziel setzte. Unruh als Vorsitzender und Schulz sowie Loewe gehörten danach zu den Führern der 1861 gegründeten »Deutschen Fortschrittspartei«.[112] Die Parteienlandschaft wurde im gleichen Jahr durch den als »Anti-Nationalverein« wirkenden konservativen »Preußischen Volks-Verein« ergänzt, welche die Einigung unter preußischer Führung ohne »Kronenraub und National(itäten)schwindel«, bei Erhaltung des »christlichen Fundaments … eines auf Gottes Gnade beruhenden Königtums« anstrebte und in der Provinz durch Gerlach, Leo, Heinrich von Nathusius-Althaldensleben und Otto Graf zu Stolberg-Wernigerode zum Kampf gegen »schmutziges Revolutions- und Demokratentum« aufrief.[113] Otto von Bismarck brach mit dem konservativen Legitimismus der Altkonservativen, ebenso verwarf er das liberal-konstitutionelle Einigungskonzept. Nachdem er am 23. September 1862 als »starker Mann« von König Wilhelm zum Ministerpräsidenten berufen worden war, um den Willen der Krone im Verfassungskonflikt mit dem Abgeordnetenhaus durchzusetzen, kleidete er vor dessen Budgetkommission sein nationalpolitisches Programm in die Worte: »Nicht auf Preußens Liberalismus sieht Deutschland, sondern auf seine Macht…, nicht durch Reden und Majoritäts-

beschlüsse werden die großen Fragen der Zeit entschieden...,
sondern durch Eisen und Blut.«[114] Über die Kriege von 1864
gegen Dänemark, 1866 gegen Österreich und 1870/71 gegen
Frankreich entstand das preußisch-deutsche Kaiserreich. Fast
zwei Dutzend legitime Fürstentümer beseitigte der »Revolutionär von oben« (Marx) oder »weiße Revolutionär« (Gall)
zum Entsetzen der Ultrakonservativen, die sahen wie Gerlach
darin einen Verstoß gegen die »auf Gottes Gnade beruhende
Souveränität der Fürsten«, einen »Verrat an der konservativen Sache« und brachen endgültig mit Bismarck. Die Liberalen überholte Bismarck »links«, als er das allgemeine, gleiche,
geheime und direkte (Männer-)Wahlrecht in die Verfassung
des Norddeutschen Bundes (1867) und des Deutschen Reiches (1971) einführte; indem die Arbeiter und Kleinhand-
werker Stimmrecht erhielten, wurde die Dominanz der Liberalen in den städtischen Wahlkreisen eingeschränkt. Der rechte Flügel der Fortschrittspartei trat aber 1867 unter Führung
des Magdeburger Reichstagsabgeordneten Unruh als »Natio-
nalliberale Partei« an Bismarcks Seite.

Die Liberalen wie die Konservativen in der Provinz Sachsen
schenkten der sogenannten sozialen Frage, das hieß der Verbesserung der sozialen Lage der proletarischen und klein-
handwerklichen Werktätigen, überdurchschnittlich große Auf-
merksamkeit. Die konservativ-sozialen Hilfs- und Aufklärungs-
aktivitäten stützten sich auf überwiegend nach 1848 entstande-
ne Vereine, auf »Rettungsanstalten« zur »Vorbeugung und
Heilung sittlich-sozialer Verkommenheit« sowie zur Fürsorge
für Alte und Debile. Das Knabenrettungs- und Erziehungs-
haus, welches Philipp von Nathusius 1850 nach dem Vorbild
des Hamburger »Rauhen Hauses« auf einem von ihm eigens
zu diesem Zweck angekauften Landgut in Neinstedt am Harz
einrichtete, gehört noch heute zu den bedeutenden Anstalten der Inneren Mission. Ob nun allein aus christlicher
Nächstenliebe oder aber seitens der konservativen Führungs-
spitzen auch mit parteipolitischem Interesse einer »national-
religiösen Erneuerung des Volkes« und der Wiedereinführung
patriarchalisch-christlicher Prinzipien in die Wirtschaft, in je-
dem Falle wurde durch die karitativen Vereine und Einrichtungen beispielhaft individuelle Not gelindert.[115] Doch wurde
gerade in Provinzialsachsen die angestrebte Massenbasis für

die konservative Parteibewegung nicht erreicht: Der liberale Einfluß blieb bei der städtischen Bevölkerung dominierend, und beträchtliche Teile der wirtschaftlich schwachen oder direkt verarmten handwerklichen und proletarischen Schichten folgten weiter den sozialen Thesen der freireligiösen Demokraten. In der preußischen Provinz wie in den anhaltischen Herzogtümern mußte sich das konservativ-patriarchalische Prinzip der »Fremdhilfe« auf besondere Weise mit dem liberal-individualistischen Prinzip der »Selbsthilfe« messen. Hermann Schulz war im Gefolge des Novemberstaatsstreiches nach Strafverfahren, Zurücksetzung auf eine Hilfsrichterstelle und anderen Schikanen aus dem Staatsdienst ausgeschieden; Er verdiente sich in seiner Vaterstadt Delitzsch als »Winkelkonsulent« und »Bauernadvokat« den Lebensunterhalt. Der »Handwerksnot«, die Schulze allein auf die Überlegenheit des kapitalistischen Großbetriebes zurückführte, wollte er nicht durch Rückkehr zum mittelalterlichen Zunftwesen, sondern durch den Zusammenschluß der Handewerker zu Genossenschaften begegnen. Der »Vater des deutschen Genossenschaftswesens« propagierte in verschiedenen Schriften – voran im »Associationsbuch für deutsche Handwerker und Arbeiter« (1853) – Genossenschaften zum gemeinsamen Bezug von Rohstoffen und zur Begründung von Magazinen sowie Vorschußvereine und auch Produktionsgenossenschaften. 1850 wurden in Delitzsch und in Eilenburg die erste Rohstoffgenossenschaft für Schumacher und Tischler bzw. der erste Vorschußverein eingerichtet; in den Nachbarorten, allmählich in der gesamten Provinz und darüber hinaus fanden sie Nachahmung. 1862 war Schulze-Delitzsch Leiter der als Dachorganisation gebildeten »Anwaltschaft der deutschen Erwerbs- und Wirtschaftsgenossenschaften«.[116] Konservative und Liberale wetteiferten in der Provinz und in Anhalt mit sozialen Programmpunkten nicht nur um Anhänger und Wählerstimmen in den handwerklichen Schichten. Sie wandten sich daneben an die äußerst schnell anwachsende, sich in Großbetrieben und Groß- und Mittelstädten konzentrierende Arbeiterschaft. Beiden ging es teils um ehrliche und uneigennützige Hilfe, teils darum die Arbeiter vom selbständigen ökonomischen und politischen Kampf abzuhalten. Liberale Fortschrittler der Provinz, neben Schulze, der die »Arbeiter-

Dessau, Philanthropin

frage« auf das Prinzip »Selbsthilfe und Bildung« reduzierte, besonders Dr. Max Hirsch und Uhlich in Magdeburg, propagierten Gewöhnung an Sparsamkeit, Fleiß und wirtschaftliche Lebensführung, Erhöhung des Bildungsstandes, auch den Zusammenschluß in Produktiv- und Konsum-Genossenschaften.Vor allem die Gründung von Arbeiterbildungsvereinen wurde in verschiedenen Städten der Provinz und Anhalts von Unternehmern unterstützt, weil Maschinen und Anlagen nur von gebildeten Arbeitskräften bedient werden konnten. Die Führung des 1863 in Magdeburg auf Initiative einiger Arbeiter von Dr. Meitzendorf und dem Schneider Johann Münze gegründeten Arbeiterbildungsvereins zogen die linksliberalen Intellektuellen Hirsch und Uhlich an sich. Münze klagte später darüber, daß es ihm nicht gelang, »die Grundsätze zu verfechten, die in der Zeit vom 1848 - 1852 verbreitet wurden« und daß die Arbeiter »so sehr an ihrem alleinseligmachenden Bildungsverein hingen; denn es muß durchaus ein Doktor oder sonst ein Advokat sein, der ihnen Vortrag hält, wann der Maikäfer, der Storch und der Kuckuck kommt und wie das Gras wächst«.[117] Ein Teil der Arbeiter löste sich aus der Vormundschaft der Fortschrittler und trat dem 1863 unter Präsidentschaft von Ferdinand Lassalle gegründeten »Allgemeinen Deutschen Arbeiterverein« (ADAV) bei, von dem Gemeinden in Magdeburg und Naumburg (1864), Halle (1865) sowie in Aschersleben, Dessau, Erfurt, Frankenhausen, Zeitz und Zerbst gebildet wurden.

Nachdem 1865 die Magdeburger Gemeinde des ADAV verboten worden war, nahm Münze Anfang 1866 Kontakt zu Johann Philipp Becker in Genf auf, der dort im Auftrage der 1864 in London gegründeten »Internationalen Arbeiter-Assoziation« den »Vorboten« herausgab. Münze rief zusammen mit dem Böttcher Julius Bremer und zehn anderen Arbeitern im Frühjahr 1866 eine der ersten und aktivsten »örtlichen Sektionen« der 1. Internationale in Deutschland ins Leben.[118] Sie ließ sich nicht nach dem preußischen Vereinsgesetz registrieren, ihre Mitglieder wirkten öffentlich zunächst nur im liberalen Arbeiterverein, bis sie sich im Juli 1868 mit dem »Sozialen Reformverein Magdeburger Arbeiter« eine legale Plattform schuf. Der Reformverein schloß sich dem »Verband Deutscher Arbeitervereine« an, der sich im gleichen Jahr auf dem

Verbandstag in Nürnberg zu den Zielen der Internationale bekannte und neben August Bebel Julius Bremer zum Vertrauensmann wählte. Er konzentrierte sich in und um Magdeburg darauf, Gewerkschaften der Holzarbeiter, der Metallarbeiter, der Hand- und Fabrikarbeiter, der Zimmerer und Maurer zu konstituieren. Das geschah in Konkurrenz mit den von Hirsch – der 1867 nach Berlin verzogen war – und Schulze-Delitzsch im September 1868 begründeten und der Fortschrittspartei nahestehenden »Gewerkvereinen«; 1868 erfolgte die Konstituierung des »Verbandes der Deutscher Gewerkvereine Hirsch-Duncker«. Besonders förderten diese die Einrichtung von Unterstützungskassen, doch wirkten sie auch auf ausreichenden Lohn, Zehnstundentag, Abschaffung der Sonntags- und Frauenarbeit hin. Differenzen mit den Unternehmern sollten vor Schiedsgerichten, nur »im äußersten Falle« mit Hilfe des Streiks gelöst werden.

Die zentrale Verkehrslage Magdeburgs und die engen persönlichen Kontakte Bremers einerseits zu den Führern des Verbandes Deutscher Arbeitervereine, Bebel und Wilhelm Liebknecht, andererseits zu den Exponenten einer linken Opposition im ADAV, Wilhelm Bracke-Braunschweig und Samuel Spier-Wolfenbüttel, ließen Magdeburg zum Treffpunkt werden, von dem am 22. Juni 1868 ein Arbeiterkongreß nach Eisenach zur Gründung einer deutschen Arbeiterpartei einberufen wurde. Die Namen von Bremer, Hoffmann in Neustadt bei Magdeburg, W. Klees in Buckau bei Magdeburg standen als erste unter dem danach von den weiteren Teilnehmern sowie anschließend aus Anhalt und der Provinz von Polling in Dessau, Kayser, Oesterreich und Salm in Erfurt, Naters in Halberstadt, Günscht und Welke in Frankenhausen unterzeichneten Aufruf »An die deutschen Sozial-Demokraten«.[119] Während das liberale Bürgertum Bismarcks »Blut-und-Eisen-Politik« unterstützte, protestierten eine Minderheit der Fortschrittspartei – darunter Leberecht Uhlich – und die Sozialdemokratie gegen die »Gewaltpolitik« und gegen den »deutschen Bruderkrieg«. Ende Mai und Anfang Juni 1866 kam es in Magdeburg mehrfach zu Streitigkeiten von Arbeitern und einberufenen Reservisten bzw. Landwehrleuten mit Polizeikräften.[120] Einen Tag nach dem Kriegsbeginn am 14. Juni mußten zur Unterdrückung eines sich über Stunden hinziehenden »Volksauflaufs« nicht allein alle verfügbaren Gendarmen, sondern dazu Militär eingesetzt werden. Johann Münze bezeichnete den Krieg am 30. August als »Kreuzzug gegen die Demokratie«.[121] Die Provinz selbst wurde 1866 nur im Südwesten vom Kriegsgeschehen unmittelbar betroffen; in der Schlacht bei Langensalza stießen preußische Einheiten auf Truppen der mit Österreich verbündeten deutschen Klein- und Mittelstaaten. Die liberale »Magdeburgische Zeitung« schrieb nach dem schnellen militärischen Erfolg Preußens am 26. September: »Diese Annexion (von Hannover, Kurhessen, Nassau, Schleswig und Holstein durch Preußen, H.A.) ist der praktische Weg, die Einheit des deutschen Volkes herzustellen.« In dem die Gründung des deutschen Nationalstaates abschließenden Deutsch-Französischen Krieg von 1870/71 mußten die Regimenter des in den Garnisonsstädten der Provinz stationierten IV. preußischen Armeekorps vor allem in der Schlacht bei Mars-la-Tour am 16. August 1870 einen hohen Blutzoll bringen. Bismarck krönte am 18. Januar 1871 sein Werk mit der Ausrufung Wilhelms I. zum deutschen Kaiser. Kriegerdenkmale in vielen Orten Sachsen-Anhalts erinnern noch heute daran, daß die mit der Gründung des Norddeutschen Bundes und der Ausrufung des Deutschen Reiches vollzogene Einigung Deutschlands nicht zuletzt den Toten der Schlachtfelder geschuldet war.

Anmerkungen

Von der Leipziger Teilung bis zum Zusammenbruch der altpreußischen Monarchie 1485 - 1806

1 K. Blaschke, Die Leipziger Teilung der wettinischen Lande von 1485, in: Sächsische Heimatblätter, Jg. 31 (1985), H. 6, S. 277 ff.

2 H. Junghans, Wittenberg als Lutherstadt, Berlin 1979, S. 44 f.

3 M. Brecht, Martin Luther, Ordnung und Abgrenzung der Reformation 1521 - 1532, Berlin 1989, S. 30 f.

4 Am Anfang des 16. Jahrhunderts, vor Beginn der Reformation, bestanden in den weltlichen Hoheitsgebieten der Bistümer Magdeburg und Halberstadt 31 bzw. 20 Klöster. Davon überstanden die Reformationszeit bis zu der Säkularisation im 19. Jahrhundert im Herzogtum Magdeburg 5 Klöster und im Fürstentum Halberstadt 12 Klöster. Vgl. Schrader, Ringen, Untergang und Überleben der katholischen Klöster in den Hochstiften Magdeburg und Halberstadt vor der Reformation bis zum Westfälischen Frieden, Münster 1977, S. 85.

5 H. Buszello, Legitimation, Verlaufsformen und Ziele, in: H. Buszello, P. Blickle, R. Endres, (Hg.), Der Deutsche Bauernkrieg, 2. Aufl., Paderborn 1991, S. 294 f.

6 M. Bensing, Thomas Müntzer und der Thüringer Aufstand 1525, Berlin 1966.

7 K. Blaschke, Moritz von Sachsen. Ein Reformationsfürst der zweiten Generation, Göttingen 1983, S. 85 ff.

8 J.O. Opel, A. Chon, Der Dreißigjährige Krieg. Eine Sammlung von historischen Gedichten und Prosadarstellung, Halle 1952, S. 179 ff.

9 Documenta Bohemica bellum tricennale illustrantia, Bd. 4, Document Nr. 860, Prag 1974, S. 325 f.

10 Ebenda, Nr. 1058, S. 401.

11 O.v. Guericke, Geschichte der Belagerung, Eroberung und Zerstörung Magdeburgs, hrsg. von F. W. Hoffmann, Magdeburg 1860, S. 83.

12 »Verzeichnis der Croppenstedtischen Einwohner und derselben Güther«, Stadtarchiv Kroppenstedt, XXVIII. Statistik, Nr. 1.

13 Vgl. H. Gringmuth, Die Behördenorganistion im Herzogtum Magdeburg. Ihre Entwicklung und Eingliederung in den brandenburgisch-preußischen Staat, phil. Diss., Halle 1934.

14 D. Pietschmann, Die Säkularisation des Domkapitels Magdeburg und seiner Nebenstifter, in: F. Schrader (Hg.), Beiträge zur Geschichte des Erzbistums Magdeburg, Leipzig o.J., S. 128.

15 Vgl. K. Vetter, Kurmärkischer Adel und preußische Reformer, Weimar 1979, S. 22 ff.

16 Vgl. M. Köhler, Beiträge zur neueren jüdischen Wirtschaftsgeschichte. Die Juden in Halberstadt und Umgebung bis zur Emanzipation, Berlin 1927, S. VII.

17 C. Lehmann, Die Ansiedlung von französischen Réfugiés in Kleinstädten des Herzogtums Magdeburg im 17./18. Jh., in: Wissenschaftliche Zeitschrift der PH Magdeburg, Jg. 6 (1985), S. 698 ff.

18 Vgl. M. Gabriel, Die reformierten Gemeinden in Mitteldeutschland, Geschichte und Verfassung einer Bekenntnisminderheit im 18. Jahrhundert und danach, Witten 1973.

19 U. Machlitt, Die anhalt-dessauischen Domänen in der Periode des Übergangs von der feudalen zur kapitalistischen Produktionsweise (etwa 1700 bis 1800), phil. Diss., Halle-Wittenberg 1971.

20 Acta Borussica. Die Handels-, Zoll-. und Akzisepolitik Preußens 1740-1786, Bd. 3/II, Berlin 1928, S. 256 ff.; I. Mittenzwei, Theorie und Praxis des aufgeklärten Absolutismus in Brandenburg-Preußen, in: Preußen in der deutschen Geschichte vor 1789, hrsg. von I. Mittenzwei, K.-H. Noack, Berlin 1983, S. 300.

21 Geheimes Staatsarchiv. Preußischer Kulturbesitz. Abt. Merseburg, Generaldirektorium, Magdeburg, Tit. CLXXXI Nr. 22, Bd. 1.

22 R. Forberger, Die Manufaktur in Sachsen vom Ende des 16. bis zum Anfang des 19. Jahrhunderts, Berlin 1958, S. 305 ff.

23 Geheimes Staatsarchiv. Preußischer Kulturbesitz. Abt. Merseburg, Generaldirektorium, Magdeburg, Tit. CLXXII Nr. 12, Bl. 298 f.

24 H.D.v. Zanthier, Kurze Historische Beschreibung der jetzigen Wernigerödischen Forst-Wirtschaft, aufbewahrt in der Universitäts- und Landesbibliothek Halle/Saale, Sondersammlungen, Sign. Stol.-Wern. Id 36, Bl. 1.

25 Geheimes Staatsarchiv. Preußischer Kulturbesitz. Abt. Merseburg, Rep. 51 Nr. 4, Bl. 8 (Reskript vom 12.12.1768).

26 H. Etzold, Erste Dampfmaschinen im Regierungsbezirk Magdeburg, Magdeburger Blätter, Jg. 1989, S. 20.

27 Wöchentliche Hallische Anzeigen, Jg. 1780, S. 401 ff.

28 K. Gerber, Zentraleuropäischer Calvinismus und deutsche »Barock«-Literatur. Zu den konfessionspolitischen Ursprüngen der deutschen Nationalliteratur, in: H. Schilling, (Hg.), Die reformierte Konfessionalisierung in Deutschland – Das Problem der »Zweiten Reformation«, Gütersloh 1986, S. 341 ff. (Schriften des Vereins für Reformationsgeschichte, Bd. 195).

29 F. Reil, Leopold Friedrich Franz, Herzog und Fürst von Anhalt-Dessau nach seinem Wirken und Wesen, Dessau 1845, S. 4.

30 H. Ross, Gedanken zur historischen Tradtion der Landeskultur im Dessau-Wörlitzer Bereich, in: Naturschutzarbeit in den Bezirken Halle und Magdeburg, Jg. 22 (1990), H. 1, S. 11 f.

31 Zweite Aufl., Berlin 1790, S. 240.

32 J.F. Reichardt, Vertraute Briefe über Frankreich. Auf einer Reise im Jahre 1792 geschrieben, Berlin 1792/93; F. C. Laukhard, Briefe eines preußischen Augenzeugen über den Feldzug des Herzogs von Braunschweig gegen die Neufranken im Jahre 1792, Hamburg 1793 ff.; ders., Leben und Schicksale von ihm selbst beschrieben, Halle-Leipzig 1792 ff.; A.H. Lafontaine, Clara du Plessis und Clairant, Frankfurt-Leipzig 1795.

33 Geheimes Staatsarchiv. Preußischer Kulturbesitz. Abt. Merseburg, Rep. 69 A. Geheimes Zivilkabinett 28. E., Bl. 12 ff. und 47 ff. Die magdeburgischen Privinzialbehörden hatten bereits Anfang 1805 König Friedrich Wilhelm III. über den sich abzeichnenden Getreidemangel unterrichtet.

Politische und agrarisch-industrielle Neu- und Umgestaltung im Elbe- und Saale-Departement des Königreiches Westfalen, in der preußischen Provinz Sachsen und in den anhaltinischen Herzogtümern 1806 - 1871

1 Vgl. zum Folgenden: O.v. Lettow-Vorbeck, Der Krieg von 1806/07, Bd. 1 - 4, Berlin 1891 - 1896; 1806. Das preußische Offizierskorps und die Untersuchung der Kriegsereignisse, hg. v. Großen Generalstab, Berlin 2 1906, bes. S. 35 f.; 281 ff.; W. Hosäus, Zustände in Dessau und Wörlitz im Oktober und November 1806, in: Mitteilungen des Vereins für Anhaltische Geschichts- und Altertumskunde, Jg. 4 (1880), S. 359 ff.

2 Vgl. L. Arndt, August von Rode 1757 - 1837. Versuch einer biographischen Skizze, in: Sachsen-Anhalt, Jg. 12 (1936), S. 186

ff.; H. Wäsche, Anhalt vor hundert Jahren, in: Neujahrsblätter aus Anhalt-Dessau, 1913, S. 294 f.

3   Vgl. Dekret über die Verfassung des Königreiches Westfalen vom 15. November 1807, in: Gesetz-Bulletin des Königreiches Westfalen. Theil 1, Cassel 1808. (Text u.a. in: Reich und Länder. Texte zur deutschen Verfassungsgeschichte im 19. und 20. Jahrhundert, hg. v. H. Boldt, München 1987, S. 77 ff.).

4   Vgl. W. Kohl, Die Verwaltung der östlichen Departements des Königreiches Westfalen 1807-1814, Berlin 1937; C. Römer, Modernisierung durch Fremdherrschaft, Königreich Westfalen, die anhaltischen Herzogtümer und die Provinz Sachsen, in: G. Biegel (Hg.), Sachsen-Anhalt. 1200 Jahre Geschichte. Renaissance eines Kulturraumes, Braunschweig 1993, S. 147 ff.

5   Vgl. Intelligenzblatt für die Distrikte von Halberstadt und Blankenburg v. 11. und 14. 1. 1808.

6   Zit. bei C. Gebauer, Stimmungsbilder aus den Tagen des Königreiches Westfalen, in: Geschichtsblätter für Stadt und Land Magdeburg, Jg. 40 (1905), S. 55.

7   F. W. Hoffmann, Geschichte der Stadt Magdeburg, neubearb. v. G. Hertel u. F. Hülße, Bd.2, Magdeburg 1885, S. 419.

8   Vgl. H. Heitzer, Isurrectionen zwischen Weser und Elbe. Volksbewegungen gegen die französische Fremdherrschaft im Königreich Westfalen (1806-1813), Berlin 1959, S. 91 ff.

9   Vgl. G. Arndt, Die Aufhebung der Stifter und Klöster im Fürstentum Halberstadt vor 100 Jahren, in: Montagsblatt der Magdeburgischen Zeitung, 1911, Nr. 30 u. 31; R. Joppen, Das erzbischöfliche Kommissariat Magdeburg. Geschichte und Rechtstellung bis zur Eingliederung in den Diözesanverband Paderborn, Leipzig 1964, S. 19 ff.; A. Kleinschmidt, Israel Jacobson. Nach den Quellen, in: Zeitschrift des Harzvereins für Geschichte und Altertumskunde, Jg. 23 (1890), S. 202 ff.; H. Berding. Die Emanzipation der Juden im Königreich Westfalen (1807-1813), in: Archiv für Sozialgeschichte, Bd. 23 (1983), S. 40 ff.

10 Vgl. E. v. Nathusius, Johann Gottlob Nathusius. Ein Pionier deutscher Industria, Stuttgart/Berlin 1915, S. 102 ff.

11 Vgl. H. Heitzer, a.a.O, S. 108 f.; Magdeburgische Zeitung v. 29.11., 1. u. 6. 12. 1810.

12 Vgl. ebenda, S. 102 ff.; R. Holzapfel, Das Königreich Westfalen. Mit bes. Berücksichtigung der Stadt Magdeburg, Magdeburg 1895, S. 79 ff., 135 f.

13 Vgl. H. Wäschke, a.a.O.; M. Thomas, Bürgerliche Reformen und feudale Beharrungspolitik. Zur Geschichte Anhalts während der französischen Fremdherrschaft 1806 bis 1812, in: Magde-

burger Blätter. Jahresschrift für Heimat und Kulturgeschichte im Bezirk Magdeburg, Jg. 1989, S. 10 ff.

14 Vgl. K. O. Freiherr v. Aretin. Vom Deutschen Reich zum Deutschen Bund (= Deutsche Geschichte, Bd. 7), Göttingen 1980, S. 135 ff.; H. Bock, Die bürgerlichen Reformen und der Kampf gegen die napoleonische Fremdherrschaft (1807 bis 1815), in: Deutsche Geschichte Bd. 4, hg. v.W. Schmidt u. a., Berlin 1984, S. 75 ff.

15 Vgl. Text bei K. Lyriker, Geschichte der Insurrectionen wider das westfälische Gouvernement, Cassel 1857; Die Wilhelmsthaler Niederschrift. Die von Katte verfaßte oder doch inspirierte und redigierte Aufzeichnung über den von ihm unternommenen Streifzug auf Magdeburg im April 1809, in: Geschichtsblätter, a.a.O., Jg. 72/73 (1937/38), S. 118 ff.; J. Maenß, Die Unternehmungen von Kattes und Schills im Elbedepartment 1809, in: ebenda, Jg. 43 (1908), S. 106 ff.

16 Magdeburgische Zeitung v. 22. 4. 1809.

17 Nach dem Text bei: R. v. Katte, Der Streifzug des Friedrich Karl v. Katte auf Magdeburg im April 1809, in: Geschichtsblätter, a.a.O, Jg. 70/71 (1935/36), S. 37 f.

18 Vgl. H. Wäschke, Schills Zug durch Anhalt, in: Neujahrsblätter, hg. v. der Historischen Kommission für die Provinz Sachsen und das Herzogtum Anhalt, Bd. 36, Halle 1912.

19 Nach dem Text bei: W. Eckermann, Ferdinand v. Schill. Rebell und Patriot, Berlin 1963, S. 83.

20 Vgl. G. V. Kortzfleisch, Des Herzogs Friedrich Wilhelm von Braunschweig Zug durch Norddeutschland im Jahre 1809, Berlin 1894, S. 18 ff.; G. Arndt, Chronik von Halberstadt 1801 - 1850, Halberstadt 1908, S. 30 ff.

21 Vgl. H. Heitzer, a.a.O., S. 229 ff.

22 Vgl. Ch. Liebecke, Magdeburg während der Blockade in den Jahren 1813 und 1814, 1. Abt., Magdeburg 1814, S. 3 ff.; F. W. Hoffmann, a.a.O, S. 423, 427.

23 Vgl. D. Schmidt, Aus dem Frühjahrsfeldzug 1813. Das Gefecht bei Möckern am 5. April, in: Magdeburger Blätter, Jg. 1983, S. 46 ff.

24 Vgl. H. Heitzer, a.a.O., S. 240 ff.; H. Fabricius, Der Parteigänger Friedrich v. Hellwig und seine Streifzüge, Berlin 1896, S. 45 ff.; F.A.K. v. Specht, Das Königreich Westfalen und seine Armee im Jahre 1813, Cassel 1848.

25 Vgl. W. Pahnke, N. Heise, Friedrich Friesen, in: Magdeburger Blätter, Jg. 1984, S. 48 ff.

26 Vgl. H. Heitzer, a.a.O., S. 261 ff.

27 J. Laumann, Der Freiheitskrieg 1813/14 um Magdeburg, in: Sachsen und Anhalt, Jg. 15 (1939), S. 238 ff.; Holzapfel, a.a.O., S. 183 ff.

28 Bilder aus der Heimath. Die denkwürdigen Jahre von 1806 - 1815. Erinnerung von F. G. Nagel, Pastor zu Gatersleben, hg. v. H. Gemkow, Berlin 1955, S. 187.

29 Vgl. H. Gringmuth, Zur Entstehung der Provinz Sachsen, in: Zur Geschichte und Kultur des Elbe-Saale-Raumes. Festschrift für Walter Möllenberg, Burg 1939, S. 246 ff.

30 Vgl. E. Jacobs, Geschichte der in der Preußischen Provinz Sachsen vereinigten Gebiete, Gotha 1883, S. S. 530 ff.; H. Giesau, Geschichte des Provinzialverbandes Sachsen 1825 - 1925, Merseburg 1926; W. Friedensburg, Die Provinz Sachsen, ihre Entstehung und Entwicklung, Halle 1919; Th. Klein, Sachsen-Anhalt, in: Geschichte der deutschen Länder. Territorien-Ploetz, Bd. 2, Würzburg 1971, S. 245 ff.; Gesamtübersicht über die Bestände des Staatsarchivs Magdeburg (Landeshauptarchiv Magdeburg), Bd. III/2. Behörden und Institutionen in der Provinz Sachsen 1815/16 bis 1944/45, bearb. unter Leitung v. Hartmann (= Quellen zur Geschichte Sachsen-Anhalts 7), Halle (Saale) 1972 (Einleitungen zu den Reposituren); H. Asmus, Die Restauration und der Weg in die Industrialisierung, in: G. Biegel (Hg.), Sachsen-Anhalt, a.a.O., S. 164 ff.

31 Vgl. R. Willenius, Die Entwicklung der antifeudalen bürgerlichen Oppositionsbewegung in der preußischen Provinz Sachsen nach dem Wiener Kongreß bis zum Vorabend der bürgerlich-demokratischen Revolution von 1848/49 unter besonderer Berücksichtigung der Provinziallandtagsverhandlungen, phil. Diss., Magdeburg 1985, S. 17 ff.

32 H. Harnisch, Produktivkräfte und Produktionsverhältnisse in der Landwirtschaft der Magdeburger Börde von der Mitte des 18. Jh. bis zum Beginn des Zuckerrübenanbaus in der Mitte der dreißiger Jahre des 19. Jh., in: Landwirtschaft und Kapitalismus. Zur Entwicklung der ökonomischen und sozialen Verhältnisse in der Magdeburger Börde vom Ausgang des 18. Jahrhunderts bis zum Ende des ersten Weltkrieges, hg. v. H. J. Rach und B. Weissel, 1. Hbd., Berlin 1978, S. 157 ff.; Nathusius, a.a.O., S. 194 ff.

33 Vgl. A. Zander. Die wirtschaftliche Entwicklung der Provinz Sachsen im 19. Jahrhundert, phil. Diss., Halle 1934.

34 Vgl. Des Teutschen Volkes feuriger Dank- und Ehrentempel oder Beschreibung wie das aus zwanzigjähriger französischer Sklaverei durch Fürsten-Eintracht und Volkskraft gerettete

Teutsche Volk die Tage der entscheidenden Völker- und Rettungsschlacht bei Leipzig am 18. und 19. Oktober 1814 erstmals gefeiert hat, gesammelt u. hg. v. Hoffmann, Offenbach 1815 S. 5 ff, 691 ff., 733, 749 f.

35 Vgl. E. Dietz, Die Teutonia und die Allgemeine Burschenschaft zu Halle, in: Quellen und Darstellungen zur Geschichte der Burschenschaft und der deutschen Einheitsbewegung, Bd. 2, Heidelberg 1911; M. Flemming, Geschichte der Hallischen Burschenschaft von 1814 - 1860 (= Quellen und Darstellungen, Beihefte 3), Berlin 1933; K.-A. Hellfaier, Die politische Funktion der Burschenschaft von ihren Anfängen 1814 bis zum Revolutionsjahr 1848 an der Universität Halle-Wittenberg, in: Jahrbuch für die Geschichte Mittel- und Ostdeutschland, Bd. 12 (1963), S. 103 ff.; A. Hein, Die »Teutonia« in Halle – die erste Burschenschaft Deutschlands, in: 175. Jahrestag der Urburschenschaft und des studentischen Wartburgfestes. Beiträge der Konferenz von Studenten und jungen Wissenschaftlern 23. und 24. Januar 1990 in Magdeburg, hg. v. H. Asmus, (Berlin 1990), S. 33 ff.

36 Vgl. H. Asmus, Das Wartburgfest. Studentische Reformbewegungen von 1770 bis 1819, Magdeburg 1993; ders. Das Wartburgfest, die deutsche Nationalfestbewegung und die urburschenschaftliche Reform der studentischen Lebens- und Verbindungsweise, in: Stadion. Internationale Zeitschrift für Geschichte des Sports, Jg. 18 (1992).

37 Vgl. W. Hartung, Die Anfänge des Turnens in Magdeburg, in: Montagsblatt der Magdeburgischen Zeitung, Jg. 1913, S. 233 f.; W. Eichler, N. Heise u. a., Die Körperkultur in Deutschland 1789 bis 1917 (= Geschichte der Körperkultur in Deutschland, Bd. II), Berlin 1973, S. 98 ff.; C. F. Koch, Turn-Ziel Magdeburg 1862, S. 4 ff.

38 Vgl. M. Brümmer, Die staatsrechtliche und hochschulpolitische Funktion der außerordentlichen Regierungsbevollmächtigten 1819 - 1848, besonders an der Universität Halle-Wittenberg, in: Studentische Burschenschaften und bürgerliche Umwälzungen. Hg. v. H. Asmus, Berlin 1992, S. 108 ff.

39 Vgl. G. Ruhe, Halberstädter Bild und Buch von der Romantik bis zur Gegenwart, Halberstadt 1958.; J. Walz, Gemälde und Graphiken zur Malerei der Romantik am Nordrand des Harzes im Besitz des Zentralmuseums Wernigerode, Wernigerode 1985; R. Kroll, Der Landschaftsmaler Wilhelm Barth, ein gebürtiger Magdeburger, in: Magdeburger Blätter, Jg. 1985, S. 47 ff.; L. Grote, Johann Heinrich Ferdinand Oliver, in: Mittel-

deutsche Lebensbilder, hg. v. d. Historischen Kommission für die Provinz Sachsen und für Anhalt, Bd. 1, Magdeburg 1926, S. 78 ff.

40 Vgl. Bedeutende Musiktraditionen der Bezirke Halle und Magdeburg, Heft 1 und 2, Halle 1981.

41 Vgl. R. Willenius, a.a.O., S. 52 ff.

42 Vgl. F. A. Wolter, Mitteilungen aus der Geschichte der Stadt Burg, Burg 1881, S. 222 f.; Stadtarchiv Burg, Rep. B 26 d. Nr. 12.

43 Vgl. Anhalt und Preußen 1819 - 27, Magdeburg 1827; A. Dreßler, Der Kampf Anhalt-Köthens gegen die preußische Handelspolitik in den Jahren 1819 - 28. Ein Beitrag zur Geschichte des Zollvereins, Köthen 1908.

44 Vgl. H. H. Müller, Zur Geschichte und Bedeutung der Rübenzuckerindustrie in der Provinz Sachsen im 19. Jh. unter besonderer Berücksichtigung der Magdeburger Börde, in: Landwirtschaft und Kapitalismus, a.a.O., 2. Hbd., Berlin 1979, S. 9 ff.; K. Bielefeldt, Das Eindringen des Kapitalismus in die Landwirtschaft unter besonderer Berücksichtigung der Provinz Sachsen und der angrenzenden Gebiete, Philosophische Diss. Berlin 1910; Darstellung der Runkel-Rüben, Zucker-Industrie in der näheren Umgebung von Magdeburg, in: Annalen Berlin 1844; M. Bahrendt, Magdeburger Großkaufleute, Magdeburg 1906; D. Zimmer, Die Großgrundbesitzer der Provinz Sachsen im Widerspruch von ökonomischer Entwicklung und politischer Macht im 19. Jahrhundert, Phil. Diss. Halle-Wittenberg 1987, S. 71 f.; D. Diestel/H.-H. Müller, Die Zuckerfabrik Klein-Wanzleben (von der Gründung bis 1917/18), in: Landwirtschaft und Kapitalismus, a.a.O., 2. Hbd., S. 72 ff.; H. Hahn, Matthias Christian Rabetthge, in: Mitteldeutsche Lebensbilder, Bd. 4 Magdeburg 1929, S. 268 ff.

45 Vgl. A. Meitzen, Der Boden und die landwirtschaftlichen Verhältnisse des Preußischen Staates nach dem Gebietsumfang vor 1866, Bd. 1, Berlin 1868, S. 484.

46 Vgl. Ch. Heinrich, Lebensweise und Kultur der in- und ausländischen landwirtschaftlichen Saisonarbeiter von der Mitte des 19. Jahrhunderts bis 1918, in: Bauer und Landarbeiter im Kapitalismus in der Magdeburger Börde. Zur Geschichte des dörftlichen Alltags vom Ausgang des 18. Jahrhundert bis zum Beginn des 20. Jahrhunderts, hg. v. H.-J. Rach u. B. Weissal, Berlin 1982, S. 117 ff.; D. Zimmer a.a.O., S. 48 ff. u. 54 ff a.a.O., S. 48 ff. u. 54 ff.

47 Vgl. D. Zimmer.

48 Vgl. P. Holdefleiß, Johann Gottfried Boltze, in: Mitteldeutsche

Lebensbilder, Bd. 1, S. 174 ff.

49 Vgl. R. Plaul, Grundzüge der Entwicklung der sozialökonomischen Verhältnisse in der Magdeburger Börde unter den Bedingungen der Durchsetzung und vollen Entfaltung des Kapitalismus der freien Konkurrenz in der Landwirtschaft (1830 - 1880), in: Landwirtschaft und Kapitalismus, a.a.O., 1. Hbd., S. 199. Vgl. H.-J. Rach, Bauen und Wohnen der werktätigen Dorfbevölkerung im 19.Jahrhundert, dargestellt am Beispiel der Magdeburger Börde, in: Vom Bauen und Wohnen, hrsg. v. H.-J. Rach, Berlin 1982, S. 181 ff.; P. Fischer, Die Veränderungen der Haus-, Hof- und Siedlungsformen während des Übergangs vom Feudalismus zum Kapitalismus in: ebenda, S. 206 ff.

50 Vgl. die Studien von W. Jacobeit, H. Nowak, H.-J. Rach, H. Plaul, C. Heinrich, G. Birk und H. Schönfeld in: Bauer und Landarbeiter, a.a.O.

51 Vgl. zum Folgenden: H. Etzold, Bergbau und Industrielle Revolution, im Regierungsbezirk Magdeburg (unveröff. Manuskript); dies., Erste Dampfmaschinen im Regierungsbezirk Magdeburg, in: Magdeburger Blätter, Jg. 1989, S. 20 ff.

52 Vgl. H. Krey, Carl Adolph Riebeck, in: Mitteldeutsche Lebensbilder, Bd. 1, S. 258 ff.

53 Vgl. auch zum Folgenden: H. Etzold, Salzbergbau und Industrielle Revolution im Regierungsbezirk Magdeburg, in: Magdeburger Blätter. Jg. 1986, S. 37 ff.

54 Zit. in: 100 Jahre Staßfurter Salzbergbau 1852 - 1952, Staßfurt 1952, S. 120.

55 Vgl. E. Neuß, Ludwig Wucherer, Halle a. S. 1926; F.W. Hoffmann, a.a.O., S. 455 ff.; I. Buchholz, M. Ballerstadt, K. Buchholz, Magdeburger Bürgermeister, hg. v. Magistrat der Stadt Magdeburg, Magdeburg 1993), S. 23 ff.; D. Eichholtz, Junker und Bourgeoisie vor 1848 in der preußischen Eisenbahngeschichte, Berlin 1962, S. 171.

56 Vgl. B. Beyer, Leipzig und die Anfänge des deutschen Eisenbahnbaus. Die Strecke nach Magdeburg als zweitälteste deutsche Fernverbindung und das Ringen der Kaufleute um ihr Entstehen 1829 bis 1840, Weimar 1978; B. Mai, Die Entwicklung der Eisenbahnanlagen in Magdeburg, in: Magdeburger Blätter, Jg. 1985, S. 77 ff.; ders., Die Entwicklung der Verkehrswege – eine Voraussetzung für die neueMobilität, in: G. Biegel (Hg), Sachsen-Anhalt, a.a.O., S. 173 ff.

57 Vgl. B. Mai, Der Beginn des Eisenbahnbaus im Raum Magdeburg, in: Magdeburger Blätter, Jg. 1991, S. 43 ff.

58 Vgl. H. Asmus, Vormärz und bürgerlich-demokratische Revolu-

tion 1815 bis 1849, in: Geschichte der Stadt Magdeburg von einem Autorenkollektiv und Ltg. v. H. Asmus, Berlin 1975, S. 147 f.

59 Vgl. E. Lorenz, Produktion, Produktivkräfte und Kapitalkonzentration in der Magdeburger Industrie von 1871 bis 1914, wirtsch.-wiss. Diss., Berlin 1966, S. 66 ff.

60 Vgl. Maschinenfabrik Buckau R. Wolf, Die Geschichte unseres Hauses von 1838 bis 1938, Magdeburg (1938), S. 25 ff; Juhlrott, Die wirtschaftliche Entwicklung der Maschinenindustrie in Magdeburg unter besonderer Berücksichtigung der Herkunft der Arbeiterschaft, phil.diss., Leipzig 1923.

61 Illustrierte Zeitung (Leipzig) v. 5. 10. 1844.

62 Abdruck bei: W. Grossert, Die Arbeiterbewegung in Dessau nach der Bürgerlich-demokratischen Revolution 1848/49 bis 1871, 1.Teil (bis 1867) (= Zwischen Wörlitz und Mosigkau. Schriftenreihe zur Geschichte der Stadt Dessau und Umgebung, H. 25), Dessau 1983, S. 16.

63 Vgl. auch zum Folgenden: W. Breywisch, Uhlich und die Bewegung der Lichtfreunde, in: Sachsen und Anhalt, Bd. 2, Magdeburg 1926; C. Thierbach, Gustav Adolf Wislecenus. Ein Lebensbild aus der Geschichte der freireligiösen Bewegung, Leipzig 1904; G. Kolbe Demokratische Opposition im religiösen Gewande und antikirchliche Bewegung im Königreich Sachsen. Zur Geschichte der deutsch-katholischen und freien Gemeinden sowie freireligiösen Vereinigungen von den 40er Jahren des 19. Jh. bis 1900 unter besonderer Berücksichtigung ihres Verhältnisses zur kleinbürgerlich-demokratischen und Arbeiterbewegung, phil.Diss., Leipzig 1984, S. 24 ff.; J. Brederlow, »Lichtfreunde« und »Freie Gemeinden«. Religiöser Protest und Freiheitsbestrebungen im Vormärz und in der Revolution von 1848/49, München/Wien 1976, S. 18 ff., 26 ff.

64 Vgl. H. Rosenberg, Theologischer Rationalismus und vormärzlicher Vulgärliberalismus, in: Historische Zeitschrift 141 (1930), S. 497 ff.

65 Vgl. Die Hegelsche Linke, Dokumente zur Philosophie und Politik im deutschen Vormärz, hg, v. H. u. I. Pepperle, Leipzig 1985; A. Ruge, Aus früherer Zeit, Bd. 4, Berlin 1864; H. Hübner, Arnold Ruge – Jünglingsbund, Junghegelianismus, 48er Demokratie; in: Studentische Burschenschaften, a.a.O., S. 129 ff.; I. Pepperle, Arnold Ruge – Junghegelianer und bürgerlicher Demokrat, in: Aufklärung – Vormärz – Revolution, Jg. 1988/89, Frankfurt/Bern/Paris 1992, S. 84 ff.

66 Vgl. Leberecht Uhlich in Magdeburg. Sein Leben von ihm selbst

beschrieben, Gera 1872, S. 24 ff.; J. Raubaum, Leberecht Uhlich und die Bewegung der »Lichtfreunde«, in: Studien zur Revolution, zur Köthener Kellergesellschaft und zur Bewegung der »Lichtfreunde« (= Veröffentlichungen des Historischen Museums Köthen XVII), Köthen 1987, S. 61 ff.; G. Hoppe, J. W. Howard, Leberecht Uhlich und Köthen, in: ebenda, S. 85 ff.

67 Vgl. A. Becker, Der Eisenbahnerstreik 1842 in Groß Quenstedt – erste Kampfaktion des Proletariats im Nordharzgebiet, in: Nordharzer Jahrbuch XIII, Halberstadt 1988, S. 61 ff.

68 G. Weber, Das Revolutionsjahr 1848 im Merseburger Land. Unser Merseburger Land, Sonderheft 2, Merseburg 1958. – Zur Entwicklung der Lebensmittelpreise in Magdeburg von 1841 bis 1848 vgl. H. Asmus, Grundzüge der ökonomischen Entwicklung der Stadt Magdeburg vom Ende des 18. Jhdts. bis 1917/18, in: Landwirtschaft und Kapitalismus, a.a.O., Bd. 2, S. 212.

69 Vgl. H. Asmus, Über die Anfänge der Magdeburger Arbeiterbewegung (1844 - 1849), in: Wissenschaftliche Zeitschrift der Technischen Hochschule Magdeburg, Jg. 1968, S. 83 ff.

70 Vgl. B. Kaufhold, Einleitung zu: W. Weitling, Garantien der Harmonie und Freiheit, Berlin 1955, S. VIII. ff.

71 Vgl. J. Engelmann, Die Rolle der Bürgerversammlungen und des Magdeburger Wochenblattes für Angelegenheiten des bürgerlichen Lebens« für die Entfaltung der bürgerlich-liberalen Oppositionsbewegung in Magdeburg 1843 bis 1847/48, phil. Diss., Magdeburg 1988; ders. Die Gründung der Magdeburger Bürgerversammlung 1844 – Beginn einer neuen Form vormärzlicher bürgerlicher Opposition in Preußen, in: Magdeburger Blätter, Jg. 1990, S. 14 ff. - Zur Einordnung dieser spezifischen Protestform in die liberale Bewegung vgl. H. Asmus, Deutscher Vormärzliberalismus 1830 - 1847/48; in: Aufklärung – Vormärz – Revolution, Jg. 1988, Innsbruck 1987, S. 47 ff.

72 E. Baltzer, Erinnerungen, Frankfurt 1907, S. 29.

73 Vgl. H. Römer, August Tholuck, in: Mitteldeutsche Lebensbilder, Bd. 2, S. 199 ff.; G. Masur, Heinrich Leo, ebenda, Bd. 3, S. 392 ff.; H. Brichzin, Heinrich Leo (1789 - 1878). Ein Beitrag zu seiner politischen Biographie und zur Geschichte der Martin-Luther-Universität Halle-Wittenberg, phil.Diss., Halle 1972.

74 Vgl. H. Herzfeld, Ernst Ludwig von Gerlach, in: Mitteldeutsche Lebensbilder, Bd. 2, S. 275 ff.; K. Canis, Leopold v. Gerlach, in: Männer der Revolution von 1848, Hg. v. K. Obermann u. a., Berlin 1970, S. 485 ff. Ernst Ludwig Gerlach, Aufzeichnungen aus seinem Leben und Wirken 1795 - 1877, Bd. 2, Schwerin 1903, S. 473.

75 Vgl. E. Engelberg, Bismarck, Urpreuße und Reichsgründer, Berlin 1985, S. 207 ff.

76 E. Bleich (Hg.), Der Erste Vereinigte Landtag in Berlin 1847, 2., 3. und 4. Teil (Verhandlungen nach stenographischen Berichten), Berlin 1847, S. 714 ff., 1258 f., 1783 ff; O.v. Bismarck, Gedanken und Erinnerungen. Reden und Briefe, (Posen) 1942, S. 15 f.

77 Das Revolutionsgeschehen in den Regierungsbezirken Merseburg und Erfurt wird auf der Grundlage der Untersuchungen von Herbert Peters (Die preußische Provinz Sachsen in der Revolution von 1848/49, Diss.B., Halle-Wittenberg 1978) darstellt.

78 Vgl. Magdeburgische Zeitung v. 17. und 18. 3. 1848; H. Asmus, Vormärz und bürgerlich-demokratische Revolution a.a.O., S. 15 f; Geschichte des Bezirkes Magdeburg 1789 - 1849. Dokumente und Materialien, zus.gestellt u. eingel. v. A. Kühne/S. Zuckmantel (= Beiträge zur Geschichte der Stadt und des Bezirkes Magdeburg 10), Magdeburg 1979, S. 85 ff.

79 Vgl. (Jochmus), Geschichte des Jahres 1848, Dessau 1951.

80 Vgl. R. Stahr, Die revolutionäre Bewegung der Volksmassen auf dem Lande im März und November 1848 im Süden und Südwesten der Provinz Sachsen, Diss.Merseburg 1974, S. 149 ff., 162 ff.

81 Naumburger Kreisblatt v. 12. 4. 1848.

82 Vgl. Die Frankfurter Nationalversammlung 1848/49. Ein Handlexikon der Abgeordneten der deutschen verfassungsgebenden Reichs-Versammlung, hg. v. R. Koch, Kalkheim 1989.

83 Vgl. Magdeburgische Zeitung v. 18. 5. 1848, 3. Teil.

84 Vgl. E. Gerlach, Aufzeichnungen a.a.O, 74, S. 517 ff.

85 Vgl. E. Engelberg a.a.O, 75, S. 270.

86 Magdeburgische Zeitung v. 30. 3. 1848.

87 Ebenda.

88 Magdeburgische Zeitung v. 26. 7. 1848. Vgl. auch K. Breitenborn, Im Dienste Bismarcks. Die politische Karriere des Grafen Otto zu Stolberg-Wernigerode, Berlin 1984, S. 21.

89 Der Telegraph. Tageblatt für Erfurt und Umgebung v. 3. 7. 1848.

90 Vgl. Hallesche Zeitung v. 22. 8. 1848.

91 Vgl. Hallesche Zeitung v. 8. 9. 1848; A. Schmiedecke, Die Revolution von 1848 und 1849 im Lande Sachsen und Anhalt, Halle 1948, S. 50 f.

92 Der Courier. Hallische Zeitung für Stadt und Land v. 21. 11. 1848. Vgl. Der Demokrat. Eine Wochenschrift für Naumburg und Umgebung v. 29. 11. 1848; Hallesche Demokratische Zeitung 11. v. 18. 11. 1848 sowie 16., 19. und 21. 11. 1848.

93 Landeshauptarchiv Magdeburg, Rep. 62 Tit. IX Bd. 9, Bl. 364 ff. Vgl. auch G. Arndt, Chronik von Halberstadt von 1801 bis 1850 nach den im Stadtarchiv vorhandenen Jahrbüchern, Halberstadt 1908, S. 165.

94 Vgl. H. Peters, Zur mobilen Kolonne des Demokraten Stockmann im November 1848, in: Zeitschrift für Militärgeschichte.

95 Vgl. W. Grossert, »Alle Gewalten gehen vom Volke aus« – Zur Verfassung von Anhalt-Dessau vom 29. 10. 1848, in: Dessauer Kalender, Jg. 1988, S. 82 ff.

96 Anhaltische Volkszeitung v. 12. 4. 1849.

97 Vgl. Hallesche Demokratische Zeitung v. 14. 2. 1848, Extrablatt.

98 Vgl. Magdeburgische Zeitung v. 5. und 16. 6. 1849.

99 E. Bär. Das Jahr 1848 in Köthen, Köthen 1949, S. 15.

100 F. Engler, Revolution und Reaktion in Anhalt-Dessau-Cöthen, Diss., Dessau 1929 S. 74 ff.

101 Landeshauptarchiv Magdeburg, Rep. C 28 I a Nr. 841, Bl. 104.

102 Zitiert in: Halle, Geschichte einer Stadt in Wort und Bild, hg. v. E. Könnemann, Berlin 1983, S. 60.

103 Vgl. H. Plaul, Grundzüge der Entwicklung der sozialökonomischen Verhältnisse in der Magdeburger Börde unter den Bedingungen der Durchsetzung und vollen Entfaltung des Kapitalismus der freien Konkurrenz in der Landwirtschaft (1830 bis 1880), in: Landwirtschaft und Kapitalismus, a.a.O., 1. Hbd., S. 204.

104 Vgl. W. Grossert, Die Arbeiterbewegung in Dessau, a.a.O., S. 10.

105 Vgl. D. Zimmer, a.a.O., S. 27 f.

106 Vgl. ebenda, S. 16 f.

107 Nach H. Etzold, Bergbau und Industrielle Revolution (unveröff. Manuskript).

108 Vgl. Die Geschichte unseres Hauses, a.a.O., S. 50 ff.

109 Vgl. H. Nix, Hermann Jacques August Cruson, in: Neue Deutsche Biographie, Bd. 7, Berlin 1966, S. 237 f.

110 Vgl S. Hübschmann, Johann Nikolaus v. Dreyse, in: Mitteldeutsche Lebensbilder, Bd. 1, S. 95 ff.

111 Vgl. Magdeburgische Zeitung v. 9.11. und 11. 11. 1859.

112 Vgl. K. Rüss, Deutscher Nationalverein 1859 - 1867, in: Die bürgerlichen Parteien in Deutschland. Handbuch, Bd. I, Leipzig 1968, S. 489 ff., G. Seeber, Deutsche Fortschrittspartei 1861 - 1848, in: ebenda, S. 333 ff.

113 Vgl. H. Ruske, Preußischer Volks-Verein 1861 - 1872, in: ebenda, Bd. II. Leipzig 1970, S. 473 ff.

114 O.v. Bismarck, Die gesammelten Werke, Bd. 10, Berlin 1931, S. 140.

115 Vgl. E. Bock, Die Konservativen in der Provinz Sachsen und die soziale Frage in den Jahren 1848 bis 1870, in: Sachsen und Anhalt, Bd. 8, S. 333 ff.

116 Vgl. E. Schreiber, Hermann Schulze-Delitzsch, in: Mitteldeutsche Lebensbilder, Bd. 1, S. 195 ff.

117 Der Social-Demokrat (Berlin) v. 11. 1. 1865. – Vgl. zum Folgenden: H. Asmus, Die politische Entwicklung in Magdeburg vom Ausgang des 18. Jahrhunderts bis zum ersten Weltkrieg, unter besonderer Berücksichtigung der Geschichte der Magdeburger Arbeiterbewegung., in: Bauer und Landarbeiter, a.a.O., S. 309 ff.; Quellensammlung zur Geschichte der Arbeiterbewegung Steinmetz, M. Tullner (= Beiträge zur Geschichte der Stadt und des Bezirkes Magdeburg 1), Magdeburg 1969, S. 18 ff. W. Grossert, Die Arbeiterbewegung in Dessau, a.a.O., 1. und 2. Teil (= Zwischen Wörlitz und Mosigkau 25 und 26), Dessau 1976 und 1985.

118 Vgl. auch zum Folgenden: R. Dlubek, U. Herrmann, Die Magdeburger Sektion der I. Internationale und der Kampf um die Schaffung einer revolutionären Massenpartei der deutschen Arbeiterklasse, in: Beiträge zur Geschichte der Arbeiterbewegung, Jg. 1963, Sonderheft, S. 189 ff.

119 Vgl. A. Bebel, Aus meinem Leben, Berlin 1961, S. 288 f.; Demokratisches Wochenblatt (Leipzig) v. 27. 6. u. 17. 7. 1869.

120 Vgl. Landeshauptarchiv Magdeburg, Rep. C 28 I a Nr. 829, Bd. 1, Bl. 37 ff.

121 J. Münze an J. Ph. Becker in Genf, zitiert bei: R. Dlubek, U. Herrmann, a.a.O., S. 200.

Abkürzungsverzeichnis

Bf.   - Bischof
Bff.   - Bischöfe
Bm.   - Bistum
Ebf.   - Erzbischof
Ebff.   - Erzbischöfe
Ebm.   - Erzbistum
Fs.   - Fürst
Fss.   - Fürsten
Fsm.   - Fürstentum
Gf.   - Graf
Gff.   - Grafen
Gft.   - Grafschaft
Hz.   - Herzog
Hzz.   - Herzöge
Hzm.   - Herzogtum
Kfs.   - Kurfürst
Kfss.   - Kurfürstentum
Kg.   - König
Ks.   - Kaiser
Lgf.   - Landgraf
Lgff.   - Landgrafen
Lgft.   - Landgrafschaft
Mgf.   - Markgraf
Mgff.   - Markgrafen
Mgft.   - Markgrafschaft

Der evtl. weiblichen Form von Bezeichnungen wird jeweils ein »n«
angehängt, z. B. Kgn. – Königin.

Auswahlbibliographie

A. und H. Asmus, Sachsen-Anhalt, Landesgeschichte, Magdeburg 1991.

H.-J. Bartmuß, H. Kathe, Kleine Geschichte Sachsen-Anhalts. Von den Anfängen bis zur Gegenwart, Halle/S. 1992.

M. Bensing, Thomas Müntzer und der Thüringer Aufstand 1525, Berlin 1966.

G. Biegel, Sachsen-Anhalt. 1200 Jahre Geschichte – Renaissance eines Kulturraumes, Braunschweig 1993.

M. Brecht, Martin-Luther. Ordnung und Abgrenzung der Reformation 1521 - 1532, Berlin 1989.

Deutschland, Porträt einer Nation, Bd. 9, S. 208 ff., Gütersloh 1991.

W. Eggert, Anhaltisches Mosaik, Landschafts- und Kulturbilder aus dem ehemaligen Land Anhalt, Frankfurt/M. 1971.

R. Forberger, Die Manufaktur in Sachsen vom Ende des 16. bis zum Anfang des 19. Jahrhunderts, Berlin 1958.

W. Friedensburg, Die Provinz Sachsen, ihre Entstehung und Entwicklung, Halle 1919.

E. Haring, Geschichte der Provinz Sachsen und des Freistaates Anhalt, erweiterte Neuherausgabe durch A. Timm, Hannover 1965.

E. Hirsch, Dessau-Wörlitz, Aufklärung und Frühklassik, Leipzig 1985.

E. Jacobs, Geschichte der in der preußischen Provinz Sachsen vereinigten Gebiete, Gotha 1883.

F.-W. Kirchhoff, Impulse aus Mitteldeutschland 1800 - 1945, Halle/Hanau 1992.

T. Klein, Grundriß zur deutschen Verwaltungsgeschichte 1815 - 1945, Reihe A, Bd. 6, Provinz Sachsen, Marburg 1975.

Derselbe Grundriß zur deutschen Verwaltungsgeschichte 1815 - 1945, Reihe B, Bd. 16, Mitteldeutschland (Kleinere Länder), Teil 2, Anhalt, Marburg 1981.

G. Köbler, Historisches Lexikon der deutschen Länder. Die deutschen Territorien vom Mittelalter bis zur Gegenwart, 2. Aufl., München 1989.

Preußen in der deutschen Geschichte vor 1789, hrsg. von I. Mittenzwei, K.-H. Noack, Berlin 1983.

H.-J. Rach, B. Weissel, Landwirtschaft und Kapitalismus. Zur Entwicklung der ökonomischen und sozialen Verhältnisse in der Magdeburger Börde vom Ausgang des 18. Jh. bis zum Ende des ersten Weltkrieges, 1. Hbd., Berlin 1978.

Sachsen-Anhalt. Historische Landeskunde Mitteldeutschlands, hrsg. von H. Heckmann, Würzburg 1986.

Sachsen-Anhalt. Landeskundliche Regionalbibliographie für die Bezirke Halle und Magdeburg, Halle 1965 ff.

W. Treue, Wirtschafts- und Technikgeschichte Preußens, Berlin New York 1984.

H. Wäschke, Anhaltische Geschichte, 3. Bd., Köthen 1912 - 1913.

Personenregister

198

Ortsregister

O	Stadt
•	Dorf
L	Luther
M	Müntzer
U	Universität
S	Schule

Luther- und Müntzer-Gedenkstätten
Universitäten und Schulen in Sachsen-Anhalt

Autorenverzeichnis

Prof. Dr. habil. Heinz Kathe
Institut für Geschichte der Martin-Luther-Universität Halle-Wittenberg

Dr. phil. Lutz Miehe
Institut für Geschichte der Technischen Universität »Otto von
Guericke« Magdeburg

Prof. Dr. sc. Helmut Asmus
Historiker, Magdeburg

Abbildungsnachweis

Kartenvorlage: Hans-Ulrich Herold

Alle übrigen Fotos: Film- und Bildstelle der Martin-Luther-Universität Halle-Wittenberg; Landeshauptarchiv Sachsen- Anhalt; Stadtarchiv Magdeburg

Die Geschichte Sachsen-Anhalts

Das Land Sachsen-Anhalt ist aufgrund der Besonderheiten seiner Entstehung und Entwicklung selten systematisch behandelt worden. Deshalb legt der Landesheimatbund Sachsen-Anhalt e.V. nun eine Geschichte Sachsen-Anhalts in drei Bänden vor, die auf der Grundlage umfangreicher archivalischer Forschung erarbeitet wurde. Diese Edition bietet nicht nur Fachhistorikern, Lehrern, Studenten, Mitarbeitern von Archiven, Museen und Bibliotheken eine spannende Lektüre, sondern möchte darüber hinaus Heimatforscher, Ortschronisten und alle an der Geschichte der neuen Bundesländer Interessierten neugierig machen auf eine an historischen Wurzeln und Traditionen reiche deutsche und europäische Kulturlandschaft.

Bereits lieferbar:
Geschichte Sachsen-Anhalts Band 1, Das Mittelalter
Mit Beiträgen von Walter Müller, Hans-Joachim Bartmuß,
Joachim Schymalla, Gerlinde Schlenker
224 Seiten, 37 Abbildungen, 1 Karte.
Broschur. 12,7 x 20 cm, 24,80 DM
ISBN 3-7338-0169-5

Neuerscheinung Herbst 93:
Geschichte Sachsen-Anhalts Band 2, Von der Reformation
bis zur Reichsgründung 1871
Mit Beiträgen von Heinz Kathe, Lutz Miehe und Helmut Asmus
Ca. 180 Seiten, 30 Abbildungen.
Broschur. 12,7 x 20 cm, 24,80 DM
ISBN 3-7338-0172-5

Neuerscheinung Frühjahr 94:
Geschichte Sachsen-Anhalts Band 3, Vom Bismarckreich bis zur
Gründung des Landes Sachsen-Anhalt
Broschur. 12,7 x 20 cm, ca. 24,80 DM

Sie erhalten diese Bücher in jeder Buchhandlung Ihrer Wahl.
Falls Sie keine Buchhandlung am 0rt kennen, nimmt der Verlag gerne Ihre Bestellung auf und leitet sie an eine Buchhandlung in Ihrer Nähe weiter. Bitte wenden Sie sich an:

Verlag Koehler & Amelang, Postfach 190564, 80605 München
Telefon: 089/126904-0

Die Geschichte Sachsen-Anhalts in Daten

Das Land Sachsen-Anhalt, wie es seit dem 14. Oktober 1990 wieder existiert, hat davor nur die kurze Zeit vom 9. Juli 1945 bis zum 15. Juli 1952 bestanden. Die Meinung, daß Sachsen-Anhalt deshalb ein unhistorisches Land sei, kann als überholt betrachtet werden. Das Gebiet zwischen Altmark und Unstrut, vom Fläming bis zum Harz ist ganz im Gegenteil eine der großen deutschen und europäischen Geschichtslandschaften, wie das vorliegende Buch zeigt.

Es bietet in chronologischer Reihenfolge kurz und prägnant Daten und Ereignisse der mehr als 300 000jährigen Geschichte der Region. Wichtige Begebenheiten aus Politik und Wirtschaft sowie dem kulturellen und religiösen Leben werden ergänzt durch ein Personen- und Ortsregister, Regententabellen und die Stammtafeln sämtlicher Herrscherhäuser. Damit der Leser die gewünschte Information schnell und leicht finden kann, sind die Jahreszahlen und bedeutende Ereignisse typographisch hervorgehoben.

Wer sich für Geschichte interessiert und Daten und Fakten griffbereit haben möchte, sollte sich dieses handliche Nachschlagewerk zulegen.

Gerlinde Schlenker, Gerd Lehmann, Arthur Schellbach
Geschichte Sachsen-Anhalts in Daten
264 Seiten, Broschur. 12,5 × 20 cm. 24,80 DM
ISBN 3-7338-0173-3
Verlag Koehler & Amelang

Sie erhalten dieses Buch in jeder Buchhandlung Ihrer Wahl. Falls Sie keine Buchhandlung am Ort kennen, nimmt der Verlag gerne Ihre Bestellung auf und leitet sie an eine Buchhandlung in Ihrer Nähe weiter. Bitte wenden Sie sich an:

Verlag Koehler & Amelang, Postfach 19 05 64, 80605 München
Telefon: 089/126904-0